5차원 달란트 교육

5차원 달란트 교육

지은이 · 원동연, 유동준
초판 발행 · 2017. 5. 22
등록번호 · 제1988-000080.호
등록된 곳 · 서울특별시 용산구 서빙고로65길 38
발행처 · 사단법인 두란노서원
영업부 · 2078-3333 FAX 080-749-3705
출판부 · 2078-3331

책값은 뒤표지에 있습니다.
ISBN 978-89-531-2871-2 03230

독자의 의견을 기다립니다.
tpress@duranno.com   www.duranno.com

＊이 책은《달란트 교육 혁명》(2005, 두란노)의 개정증보판입니다.

5차원

원동연, 유동준 지음

달란트를 최대로

달란트

발휘하게 하는

교육

두란노

contents

Part 02 배운 것을 모두 수용하게 하는 5차원 달란트 교육

Part 03 깊이 있는 공부를 위한 학문의 9단계

Part 04 모든 교육의 기초는 예수 그리스도다

공부가 열매로
나타나고 있는가?

최근 그리스도인들과 교회학교 학생 수가 급격하게 줄어든다고 걱정을 많이 한다. 하지만 더 안타까운 일은 그리스도인들이 말씀대로 살지 못한다는 지적이다. 성경공부는 우리를 구원과 통일에 이르게 하는 결과를 가져다준다. 우리를 창조하신 하나님을 복음으로 알아보게 하고 하나님의 영광이 나타나게 한다(롬 8:18). 성경은 우리를 교훈과 책망과 바르게 함과 의로 교육하기에 유익하며, 능히 우리로 하여금 그리스도 예수 안에 있는 믿음으로 말미암아 구원에 이르는 지혜가 있게 한다(딤후 3:15-16).

그래서 성경은 "힘써 여호와를 알자"(호 6:3), "내 백성이 지식이 없으므로[나를 알지 못하므로] 망하는도다"(호 4:6)라고 말하며, 바울은 디모데에게 "내가 이를 때까지 [성경을] 읽는 것과 권하는 것과 가르치는 것에 전념하라"(딤전 4:13)라고 말했다. 그리고 "베뢰아의 유대 사람들은 데살로니가의 유대 사람들보다 더 고상한 사람들이어서, 아주 기꺼이 말씀을 받아들이고, 그것이 사실인지 알아보려고, 날마다 성경을 상고하였다"(행 17:11, 새번역 성경)라고 알려 준다.

성경공부의 목표는 변화에 있다. 예수님은 마태복음 13장 23절에서 "좋은 땅에 뿌려졌다는 것은 말씀을 듣고 깨닫는 자니 결실하여 어떤 것은 백 배, 어떤 것은 육십 배, 어떤 것은 삼십 배가 되느니라"라고 말씀하셨다. 그런데 많은 성경공부를 했음에도 우리가 바뀌지 않는다면 그 이유를 명백히 알아야만 한다.

그 이유로 다음 두 가지를 생각해 볼 수 있다. 첫째, 아무리 진리를 듣더라도 마음 밭에 그것을 받아들이지 못하게 가로막는 장애물이 있어 내적 수용성이 떨어지기 때문이다. 우리의 내적 수용성은 하나님이 창조하신 우리의 전인격성에 영향을 받는다. 즉 하나님의 사람으로 살아가기 위해서는 우리의 전인격이 하나님의 속성에 맞도록 회복되어야만 한다.

둘째, 하나님의 말씀을 자신의 잘못된 인식의 틀로 왜곡시켜 진리를 진리대로 보지 못하기 때문이다. 말씀대로 살기 위해서는 말씀이 있는 그대로 우리에게 전달되어야 한다. 하지만 죄 된 속성과 왜곡된 세계관에 의해서 말씀이 변형되어 전달되고 있는 실정이다. 성경 지식이 많아도 말씀을 말씀대로 받아들이지 못하면 자신이 생각하는 대로 해석하고 적용하게 된다. 그러므로 성경을 보고 있는 인식의 틀을 바르게 회복시키는 일이 매우 중요하다.

이 두 가지 문제를 해결할 수 있는 교육 체계를 확립해야 한다. 우리가 말씀을 어떻게 적용할지를 찾는 것이 아니라 말씀이 우리 안에서 일하게 해야 한다. 즉 성령에 의한 '말씀이 이끄는 삶'을 살아가야만 한다. 그때에만 말씀이 열매를 맺어서 자신의 나약함을 인식해 오직 예수님만 의지하고 살 수 있다. 그러한 삶이란 마음을 다하고 지혜를 다하고 힘을 다하여 하나님을 사랑하고 이웃을 제 몸과 같이 사랑하는 사람이 되는 것이다(막 12:33).

이를 위해서는 마음을 다하는 사람(심력), 지혜를 다하는 사람(지력), 몸의 힘을 다하는 사람(체력), 자신을 바르게 인식하는 사람(자기관리력), 하나님과 사람과 사랑의 관계를 맺는 사람(인간관계력)이 되도록 교육해야 한다. 즉 5차원 전면교육(달란트 교육)을 통해 내적 수용성을, 그리고 학문의 9

단계 훈련을 통해 인식의 틀을 회복시켜야 한다.

　이제는 교회학교와 기독교 가정교육을 통해 말씀이 이끄는 삶을 살아가는 사람들, 즉 성경적 가치관으로 무장된 인재를 양성해야 한다. 성경적 가치관은 우리가 지금까지 옳다고 생각해 온 가치가 아니라 성경이 이야기하는 가치에 근거한 것이다. 신구약성경은 우리 행위의 기반이 하나님이셔야 한다고 말한다.

　　　사랑하는 자들아 우리가 서로 사랑하자 사랑은 하나님께 속한 것이니 사랑하는 자마다 하나님으로부터 나서 하나님을 알고 (요일 4:7).

　성경 교육에서 반드시 잊지 말아야 할 것은 성경공부의 교사는 예수님이시라는 사실이다. 예수님은 성경을 깨닫게 하시려고 우리의 마음을 열어 주신다(눅 24:45). 바울은 "내 말과 내 전도함이 설득력 있는 지혜의 말로 하지 아니하고 다만 성령의 나타나심과 능력으로 하여"(고전 2:4)라고 고백했다. 모든 교사와 부모는 성령님이 아이들을 가르치실 수 있도록 조력해야만 한다.

　이런 문제들을 바르게 인식하고 다시 겸손하게 미래를 준비할 때 성령님의 인도하심에 따라 말씀에 이끌려 사는 그리스도인들이 길러져서 우리 민족에게 주어진 하나님의 사명을 바르게 감당할 수 있을 것이라고 기대한다.

2017년 5월

원동연, 유동준

11

하나님 앞에 바로 선
세대를 키우는 교육법

한국 기독교의 위기를 말하는 사람들이 많다. 최근에는 기독교 인구의 증가세가 멈추었으며, 사회적 영향력이 떨어졌고, 사람들로부터 비난을 받기도 한다. 이유는 명백하다. 우리가 진정 하나님의 향기를 나타내는 실력 있는 그리스도인들을 길러 내지 못했기 때문이다.

사사기 2장에는 성경에서 가장 비극적인 사건이 소개된다. 여호수아와 그 세대의 사람들이 모두 죽고 나서 그다음 세대가 하나님을 알지 못하게 되었다는 내용이다(삿 2:10). 하나님의 가장 큰 사역을 성공적으로 수행한 세대였지만 다음 세대를 길러 내지 못했기 때문에 이스라엘의 비극적인 역사가 시작되었다. 우리가 아무리 하나님의 일을 많이 하고 좋은 결과를 냈다 하더라도 다음 세대를 제대로 길러 내지 못한다면 우리도 비극적인 역사를 맞게 될 수 있다. 그러므로 우리는 하나님 앞에 바로 선 세대를 길러 낼 수 있는 교육 방법을 분명하게 알고 있어야 한다.

20년 전에 한 권의 책을 내면서 다음과 같이 주장했다. 하나님의 속성으로 회복되기 위해서는 전인격적 인성인 지력, 심력, 체력, 자기관리력, 인간관계력을 전면적으로 갖출 수 있도록 하는 '5차원 전면교육'이 실시되어야 하며, 이런 교육을 받은 사람이 인생에서 승리하는 힘을 가질 수 있다는 것이다. 그리고 그런 사람을 가리켜 '다이아몬드 컬러(Diamond collar)의 사람'이라고 불렀다.

시간이 화살같이 지나 20년 후인 오늘에 이르렀다. 그간 1만 5,000명 이상의 교사, 부모, 전문가들이 함께 이 주장이 가능한가에 대해서 실험해 왔다. 그리고 중국, 몽골, 러시아, 미국, 한국 등에서 그 열매가 나타나기 시작했다. 1996년 중국연변과학기술대학교에 5차원 전면교육이 실시된 후 연길시 2중고등학교에서 최하위권의 학생들이 본 교육을 통해 최상위권에 진입하기도 했다, 1997년 몽골의 밝은미래종합학교에서는 길거리에 버려진 아이들에게 본 교육을 적용해 일반 학교 학생들보다 더 좋은 교육 결과를 얻기도 했고, 2001년에는 몽골의 바가반디 대통령과의 면담을 통해 몽골국제대학교를 설립해 중앙아시아에서 본 교육을 실시할 수 있는 근거를 확보했다. 2006년 라오스국립대학교에 5차원 전면교육을 적용했을 뿐 아니라 2012년 탄자니아연합대학교의 설립을 통해 12개국 이상에서 본 교육을 실시해 왔다.

한국에서는 세인고등학교에서 최초로 본 교육이 적용된 이후 벨국제학교의 설립, 동두천중고등학교에서의 전면적 실시, 그리고 미래 인재 개발을 위해 설립된 디아글로벌학교를 통해 귀한 열매들을 축적해 왔다. 그리고 2017년도에는 KAIST 미래전략대학원에서 5차원 전면교육이 '수용성 교육'이라는 이름으로 국가 미래 교육의 모델로 제시되었다.

지금까지의 열매를 바탕으로 책을 개정하기로 했다. 전인격적인 인성 교육을 바탕으로 수용성을 길러 줄 핵심 역량을 담았다. 수용성을 증진시키기 위해서는 지성의 틀, 마음의 틀, 몸의 틀, 자기관리의 틀, 인간관계의 틀을 회복해야 하는데, 이 책에 근본적인 방안들이 수록되어 있다. 이를 통해서 하나님의 말씀을 바르게 받아들일 수 있는 수용성이 길러지도록 했다.

특별히 '학문의 9단계'를 통해 창조적 지성을 갖추기 위한 핵심 역량을 배울 수 있도록 했다. 창조적 지성을 확보하기 위해서는 정보의 입수, 고도화, 표출에 대한 이해와 실행 능력이 중요한데, 이 책에 근본적인 방안들을 담았다. 창조적 지성을 통해 잘못된 인식의 틀로 성경말씀을 왜곡시키는 문제점들을 해결할 수 있도록 했다.

이 책이 나오는 데까지 많은 도움이 있었다. 특히 5차원적 요소를 정립하는 일에 기초를 제공해 주신 호남신학대학교 노영상 전 총장님, 몽골 등 해외에 본 교육이 뿌리를 내리는 데 함께해 주신 총신대학교 김의원 전 총장님, 교회학교에 접목할 기반을 마련해 주신 동숭교회 서정오 목사님, 경주제일교회 정영택 목사님, 왕성교회 길요나 목사님, 그리고 5차원기독교연구소의 홍정근 목사님께 감사를 드린다. 여기까지 오는 데 하나님의 인도하심이 얼마나 놀라웠는지는 지면을 통해 다 말할 수가 없을 정도다. 오직 경이로움만 있을 뿐이다.

Five Dimentional Talent Education

PART 01

공부 열정은 뜨거운데,
열매는 왜 미진할까?

예수께서 비유로 여러 가지를 그들에게 말씀하여 이르시되 씨를 뿌리는 자가 뿌리러 나가서
뿌릴새 더러는 길가에 떨어지매 새들이 와서 먹어 버렸고 더러는 흙이 얕은 돌밭에 떨어지
매 흙이 깊지 아니하므로 곧 싹이 나오나 해가 돋은 후에 타서 뿌리가 없으므로 말랐고 더러
는 가시떨기 위에 떨어지매 가시가 자라서 기운을 막았고 더러는 좋은 땅에 떨어지매 어떤
것은 백 배, 어떤 것은 육십 배, 어떤 것은 삼십 배의 결실을 하였느니라(마 13:3-8).

chapter 1

열매 맺지
못하는 이유

한국 기독교는 짧은 역사에 비해서 매우 크게 성장했다. 이는 전적으로 하나님이 은혜를 쏟아 부어 주신 결과다. '하나님이 복 주신 결과'라는 말 외에 달리 설명하기 어렵다. 또한 성도들의 뜨겁고도 열성적인 기도, 선교에 대한 적극적인 호응, 사역자들의 각고의 희생과 헌신도 한국 기독교의 위상을 높이는 데 큰 몫을 했다는 데는 이의가 없다. 그리고 이들 요인 중에 빼놓을 수 없는 것 중 하나가 성경공부에 대한 열심이다. 말씀 훈련, 제자 훈련, 일대일 훈련 등으로 대표되는 성경공부에 대한 열심은 그 열기만으로 볼 때 가히 세계적인 수준이다.

그런데 문제는 열기는 뜨거운데 열매가 미진하다는 것이다. 열심히 성경을 읽고, 외우고, 묵상하지만 그로써 심겨진 말씀의 씨가 싹을 내고 열매를 맺는 데 어려움이 있다.

성경공부는 열매로 나타나야 한다

하나님의 말씀은 씨다. 그것도 '썩지 아니할 씨'다.

> 너희가 거듭난 것은 썩어질 씨로 된 것이 아니요 썩지 아니할 씨로
> 된 것이니 살아 있고 항상 있는 하나님의 말씀으로 되었느니라(벧전
> 1:23).

썩지 아니하는 씨가 뿌려지면 그 씨에서 싹이 움트고, 줄기가 나오고, 잎
사귀가 나고, 열매를 맺는 것은 당연하다. 성경은 창세기부터 요한계시록
에 이르기까지 이 당연성을 반복해서 말하고 있다. 이사야서의 언급은 특
히 직설적이다.

> 이는 비와 눈이 하늘로부터 내려서 그리로 되돌아가지 아니하고 땅
> 을 적셔서 소출이 나게 하며 싹이 나게 하여 파종하는 자에게는 종
> 자를 주며 먹는 자에게는 양식을 줌과 같이 내 입에서 나가는 말도
> 이와 같이 헛되이 내게로 되돌아오지 아니하고 나의 기뻐하는 뜻을
> 이루며 내가 보낸 일에 형통함이니라(사 55:10-11).

이처럼 우리가 성경공부를 했다는 증거는 열매로 나타나야만 한다.
그런데 성경에서 말하는 열매는 여러 의미로 쓰이지만, 구원받은 하나
님의 백성과 관련해서는 항상 '성령의 열매', 즉 성품적 열매를 지칭한
다. 다시 말해, 성령으로 말미암은 새로운 인격적인 변화를 열매라고 하
는 것이다.

오직 성령의 열매는 사랑과 희락과 화평과 오래 참음과 자비와 양
선과 충성과 온유와 절제니 이 같은 것을 금지할 법이 없느니라
(갈 5:22).

사랑과 희락과 화평과 오래 참음과 자비와 양선과 충성과 온유와 절제
가 성경공부를 한 후에 맺혀야 하는 열매다. "하나님! 제가 전에는 피를 나
눈 부모, 형제들에게까지도 전혀 참지 못하고 분을 내는 사람이었는데, 하
나님의 말씀으로 말미암아 이제는 전부는 아니지만 그래도 몇 번은 참을
수 있는 사람이 되었습니다!"라고 고백하게 되는 것이 우리가 성경을 읽
고, 묵상하고, 암송한 열매다.

말씀뿐 아니라 말씀 순종을 가르쳐라

안타까운 점은 우리의 성경공부가 열매를 맺기까지, 즉 성령의 열매로
말미암아 인격적으로 변화하기까지 이끌지 못한다는 것이다. 예수님은
승천하시기 전 그 중요한 시간에 성경말씀 자체를 가르치는 데 그치지 말
고, 그 말씀을 지킬 수 있도록 가르치라고 강하게 교훈하셨다.

그러므로 너희는 가서 모든 민족을 제자로 삼아 아버지와 아들과 성
령의 이름으로 세례를 베풀고 내가 너희에게 분부한 모든 것을 가르
쳐 지키게 하라(마 28:19-20).

'가르쳐 지키게 하라'라는 말은 단순히 가르치라는 뜻이 아니다. 이 구절
을 영어 성경으로 보면 'teaching them His Words'가 아니라 'teaching

them to obey His Words'다. 즉 말씀에 순종할 수 있도록 가르치라는 뜻
이다. 성경은 말씀대로 살라고 주어진 것이며, 이것이 성경공부의 목적이
다. 말씀으로 인해 구원받고, 구원받은 삶을 점진적으로 변화시키는 것이
성경의 목적이며 열매다.

> 너희가 나를 택한 것이 아니요 내가 너희를 택하여 세웠나니 이는 너
> 희로 가서 열매를 맺게 하고 또 너희 열매가 항상 있게 하여 내 이름
> 으로 아버지께 무엇을 구하든지 다 받게 하려 함이라(요 15:16).

앞서 언급했지만 여기서 '열매'는 인격적 열매를 가리킨다. 디모데후서
도 성경말씀은 사람을 변화시키기 위해 주어진 것이라고 강조한다.

> 모든 성경은 하나님의 감동으로 된 것으로 교훈과 책망과 바르게 함
> 과 의로 교육하기에 유익하니 이는 하나님의 사람으로 온전하게 하
> 며 모든 선한 일을 행할 능력을 갖추게 하려 함이라(딤후 3:16-17).

말씀 순종을 가로막는 장애물

말씀은 구원받은 우리가 하나님의 사람으로 온전하게 변화되기 위해
주어졌다. 그런데 이것이 방해받고 있다. 성경말씀을 공부한 것이 가정,
직장, 사회, 학교에서 우리의 일거수일투족 변화시키는 데까지 나아가야
하는데 그렇지 못한 것이다. 예수님은 말씀을 공부하고 묵상해도 성품의
변화라는 열매에 이르지 못한 데 대한 안타까움을 마태복음 13장에서 다
음과 같이 지적하셨다.

예수께서 비유로 여러 가지를 그들에게 말씀하여 이르시되 씨를 뿌리는 자가 뿌리러 나가서 뿌릴새 더러는 길가에 떨어지매 새들이 와서 먹어 버렸고 더러는 흙이 얕은 돌밭에 떨어지매 흙이 깊지 아니하므로 곧 싹이 나오나 해가 돋은 후에 타서 뿌리가 없으므로 말랐고 더러는 가시떨기 위에 떨어지매 가시가 자라서 기운을 막았고 더러는 좋은 땅에 떨어지매 어떤 것은 백 배, 어떤 것은 육십 배, 어떤 것은 삼십 배의 결실을 하였느니라(마 13:3-8).

'먹어 버렸고', '말랐고', '기운을 막았고'라는 표현은 우리 안에서 성품적 변화를 거두어야 했는데 거기까지 이르지 못하고 중도 하차하는 데 대한 안타까움을 지적하신 것이다. 우리는 말씀을 읽고, 공부하고, 외우고, 묵상하고, 깨닫고 잠시 기뻐하는 것으로만 끝내서는 안 된다. 더 나아가서 말씀에 순종하고, 말씀대로 살아서 그 말씀으로 인해 외부적인 행동까지 변하는 열매를 맺어야 한다.

문제는 말씀을 공부하면 열매를 맺어야 하고, 말씀으로 사람이 변화되어야 하는데 왜 중도에 하차하게 되느냐는 것이다. 장애물 때문이다. 즉 방해꾼이 있기 때문이다. 그래서 성경공부를 하기 이전에 공부한 말씀을 중간에서 채 가는 우리 안의 장애물을 치워야 한다.

그런즉 씨 뿌리는 비유를 들으라 아무나 천국 말씀을 듣고 깨닫지 못할 때는 악한 자가 와서 그 마음에 뿌려진 것을 빼앗나니 이는 곧 길가에 뿌려진 자요 돌밭에 뿌려졌다는 것은 말씀을 듣고 즉시 기쁨으로 받되 그 속에 뿌리가 없어 잠시 견디다가 말씀으로 말미암아 환난이나 박해가 일어날 때에는 곧 넘어지는 자요 가시떨기에 뿌려졌다는 것은 말씀을 들으나 세상의 염려와 재물의 유혹에 말씀이 막혀 결실하지 못하는 자요 좋은 땅에 뿌려졌다는 것은 말씀을 듣고 깨닫는 자니 결실하여 어떤 것은 백 배, 어떤 것은 육십 배, 어떤 것은 삼십 배가 되느니라 하시더라(마 13:18-23).

'길가 밭', '돌밭', '가시떨기 밭' 등이 예수님이 지목하신, 말씀이 자라지 못하게 가로막고 있는 장애물들이다. 이 방해꾼들을 먼저 치워야 말씀이 열매를 맺을 수 있으며, 우리가 말씀에 순종하게 될 뿐 아니라 외면적인 행동까지도 변할 수 있다.

chapter 2

영적 성장을 방해하는
3가지 장애물

앞서 1장에서 성경공부를 하는 것만큼이나 중요한 것이 성경공부를 통해 뿌려진 말씀의 씨가 자라지 못하게 가로막는 장애물을 발견하고 치우는 것이라고 지적했다. 이런 측면에서 우리의 영적 성장을 방해하는 3가지 장애물의 속성을 살펴보고자 한다.

길가 밭 : 길처럼 굳어진 마음

'길가 밭'은 헬라어로 '호도스'이며 '굳어 있는 땅'이라는 뜻이다. 문제는 밭이 왜 돌처럼 굳어졌느냐는 것인데, 이는 수많은 사람이 오가면서 밟았기 때문이다. 당시 유대의 길은 매우 좁았고 그나마 오갈 수 있는 도로는 그 길뿐이었다. 그래서 사람들과 가축들과 마차들의 왕래가 유난히 잦고, 이들이 왕래하면서 길을 밟고 또 밟아서 마침내 그 땅이 아주 굳어져 버린 것이었다.

이렇게 굳어진 땅에는 씨를 심어 보았자 뿌리가 내릴 수 없다. 씨를 뿌리면 그대로 땅 위에 놓인다. 그러므로 종국에는 새에게 낚아챔을 당하기도 한다. 이것이 길가 밭의 의미다. 마찬가지로 아무리 성경을 읽고, 외우고, 묵상해도 사람의 마음이 굳어져 버리면 말씀이 그 안에 심기지 못한다.

사람의 마음이 굳어지는 데는 두 가지 이유가 있다. 첫째, 불화한 인간관계에 역사하는 죄 때문이다. 둘째, 복음에 대한 무지 때문이다.

인간관계의 문제

죄는 사람을 경직되고 딱딱하게 만들 뿐 아니라 완악하고 교만하게 만든다. 성경은 도처에서 죄의 이러한 파괴성을 지적한다.

> 또한 그들이 마음에 하나님 두기를 싫어하매 하나님께서 그들을 그
> 상실한 마음대로 내버려 두사 합당하지 못한 일을 하게 하셨으니
> (롬 1:28).

'상실한'이라는 말은 굳어졌다는 뜻이다. 말씀을 공부하지만 그 말씀이 싹을 틔우지 못하는 것은 우리의 죄 때문이다. 회개를 싫어하는 우리의 죄성이 공부한 말씀이 우리 안에 뿌리내리지 못하게 하는 장본인이다. 그런데 죄는 대개 인간관계와 연계되어 있다.

> 임금이 대답하여 이르시되 내가 진실로 너희에게 이르노니 너희가
> 여기 내 형제 중에 지극히 작은 자 하나에게 한 것이 곧 내게 한 것이
> 니라 하시고(마 25:40).

이에 임금이 대답하여 이르시되 내가 진실로 너희에게 이르노니 이 지극히 작은 자 하나에게 하지 아니한 것이 곧 내게 하지 아니한 것이니라 하시리니 (마 25:45).

죄는 스스로 존재하는 것이 아니라 모두 사람을 경유한다. 또한 사람을 경유한 죄는 모두 하나님을 대적하는 것으로 연결된다. 이로 인해 성경은 사람과 불화하는 것이 곧 하나님과 불화하는 것이라고 말한다.

'길가 밭'을 뜻하는 헬라어 '호도스'는 죄 된 인간관계, 즉 불화한 인간관계가 사람을 굳게 하고 폐쇄적으로 만든다는 뜻도 포함하고 있다. 다시 말해, 인간관계가 나쁘면 하나님과의 관계도 나빠진다. 그러므로 성경을 많이 공부해도 주님을 닮은 인격의 변화라는 열매가 맺히지 않는다.

복음에 대한 무지의 문제

사람의 마음이 굳어지는 두 번째 이유는 복음에 대한 무지 때문이다. 복음의 핵심을 오해하면 말씀을 들어도 뿌리가 내리지 않는다. 복음을 엉뚱한 것으로 인식하면 복음의 씨가 자랄 수 없고, 열매를 맺을 수도 없다. 그런데 무지는 오해다.

예수께서 이르시되 너희가 성경도 하나님의 능력도 알지 못하므로 오해함이 아니냐 … 하나님은 죽은 자의 하나님이 아니요 산 자의 하나님이시라 너희가 크게 오해하였도다 하시니라 (막 12:24, 27).

복음에 대한 오해가 장애물이 되는 것이다. 예를 들어 보자. 어린아이들은 가치에 대해 무지하다. 그래서 100만 원짜리 수표와 과자 한 봉지를 내밀면 수표는 밀쳐 두고 과자 한 봉지를 집는다. 마찬가지로 복음이 얼마나 귀한지 모르면 아무리 복음을 들어도 그것이 마음에 들어가지 못한다. 복음이 생명에 관한 것임을 인식하지 못하고 단지 복 받는 도구로 여기면, 또한 복음을 인생에서 출세하거나 돈을 잘 벌기 위한 지침서 정도로만 인식할 경우 복음이 자라지 못하고 그 사람을 변화시키지 못한다.

Think

Q 1. 지금 나의 인간관계에 반성할 점이 있는가?

Q 2. 나는 복음을 얼마나 귀하게 여기고 있는가?

Q 3. 나는 복음을 인생에서 출세하기 위한 지침서나 사업 경영을 위한 가이드북, 또는 돈을 많이 버는 도구 정도로만 인식한 적이 있었는가?

Q 4. 말씀 안에서의 새로운 변화를 완강하게 저지하는 내 내부의 '길가 밭'은 무엇인가?

돌밭 : 거듭나지 못한 인생

'돌밭'은 헬라어로 '페트로데스'다. 돌밭은 단지 돌 위를 뜻하지 않는다. 아무리 무지한 농부라 할지라도 돌에다 씨를 뿌리겠는가? 당시 유대의 특징 중에 하나는 사막성 먼지(흙)가 많다는 것이었다. 흙이 바람을 타고 날아와 돌이나 바위 위에 10cm 정도 두께로 수북이 쌓였다. 돌밭이란 바로 이런 상태를 말한다.

얼핏 보기에는 돌이나 바위가 보이지 않고 수북이 쌓인 흙뿐이기에 좋은 밭 같다. 그래서 여기에 씨가 뿌려지는 것이다. 뿌려진 씨는 일단 10cm 정도까지는 뿌리를 낸다. 양분이 집약되어 있기 때문에 뿌리를 내는 속도가 빠르다. 그러나 10cm를 넘어서면 곧바로 바위나 돌을 만나므로 더 이상 뿌리가 밑으로 뻗지 못하고 죽고 만다.

거듭나지 못함

교회에서 설교를 듣고, 봉사를 하고, 성경을 공부하고, 제자 훈련을 받고, 일대일 훈련을 해도 성품이 전혀 변하지 않는 경우가 많다. 그 이유는 간명하다. 거듭나지 않았기 때문이다. 거듭나야 복음의 뿌리가 계속 내릴 수 있다. 따라서 거듭나는 것은 인생의 핵심이며, 거듭나지 않은 인생은 인생의 핵심에 들어오지 못한 것이다.

물론 거듭나지 않은 사람도 성경공부를 할 수 있고, 교회의 중직이 될 수 있다. 제자 훈련도 받을 수 있고, 성경도 달달 암송할 수 있다. 그러나 예수 그리스도의 피로 거듭나지 않은 사람은 인생의 핵심에 진입한 자가 아니다. 따라서 그런 인생은 아무리 성경을 많이 공부해도 성품적 열매가 맺히지 않고 참다운 인생 목표도 생기지 않는다.

그러므로 우리는 먼저 거듭나야 하며, 진리를 내면화하고 주 안에서 새 인생 목표를 세워야 한다. 거듭나지 않은 인생은 돌밭이므로 말씀의 씨가 자라지 못한다.

Think

Q 1. 나는 진정으로 주 예수를 구주로 영접해 거듭났는가?

Q 2. 말씀 안에서의 새로운 변화를 완강하게 저지하는 내 내부의 '돌밭'은 무엇인가?

가시떨기 밭 : 돈 욕심과 쾌락 추구

'가시떨기 밭'은 헬라어로 '아칸다'로서, 좋은 밭을 뜻한다. 좋은 밭인데 왜 문제가 되는가? 그 땅에 곡식만 심겨져 있지 않고 가시를 내는 가시나무도 심겨져 있기 때문이다. 그런데 가시나무는 자라는 속도가 곡식에 비해 훨씬 빠르다. 그렇다 보니 물과 양분도 더 빨리 흡수한다. 결과적으로 곡식에게로 가야 할 물과 양분이 쉽게 고갈되고 곡식은 고사되고 만다.

그러면 신앙에서 말씀의 씨를 갉아먹는 것은 무엇일까? 물질의 유혹과 세상 쾌락 등 두 가지를 들 수 있다. 물질의 유혹에 빠지고 세상 쾌락에 몸의 힘을 탕진하면 말씀의 씨가 양분을 받지 못해 자랄 수 없다.

돈의 문제

돈의 문제에서 그르치면 인생 전체가 그르칠 정도로 돈은 우리가 쉽게 이길 수 없는 막강한 권력이다. 예수님도 돈에 대한 욕구가 하나님을 거스를 수도 있다고 경고하셨다.

> 네 보물 있는 그곳에는 네 마음도 있느니라(마 6:21).

> 한 사람이 두 주인을 섬기지 못할 것이니 혹 이를 미워하고 저를 사랑하거나 혹 이를 중히 여기고 저를 경히 여김이라 너희가 하나님과 재물을 겸하여 섬기지 못하느니라(마 6:24).

하나님과 재물을 겸하여 섬기면, 즉 돈 욕심이 커지면 하나님과 맞서는 자리까지 가게 된다. 이처럼 돈 욕심은 말씀의 씨를 중도에 고사시킨다.

세상 쾌락의 문제

몸의 힘이 세상 쾌락에 탕진되면 말씀의 씨가 자라지 못하게 하는 요인이 될 수 있다. 우리는 흔히 체력을 경시하는 경향이 있는데, 사실 체력은 인간 존립의 기본이다. "천하를 얻고도 목숨을 잃으면 아무것도 아니다"라는 말은 사람이 한 격언이 아니라 예수님이 말씀하신 교훈이다.

> 사람이 만일 온 천하를 얻고도 자기 목숨을 잃으면 무엇이 유익하리요 사람이 무엇을 주고 자기 목숨과 바꾸겠느냐(막 8:36-37).

'목숨을 잃으면'이라는 말에는 '구원을 받지 못하면'이라는 의미도 있다. 그러나 문자적으로 해석해 '몸의 목숨을 잃으면'이라는 뜻도 역시 있다. 몸의 힘을 잃으면 아무 소용이 없다. 이러한 이유로 세상 육욕적인 쾌락 추구가 문제가 된다. 몸의 힘을 탕진하게 하는 제일 큰 원인이 되기 때문이다. 육욕적인 쾌락 추구로 체력이 탕진되면 말씀의 씨가 자라지 못한다.

Think

Q 1. 내 안에 신앙까지도 소홀하게 만들어 버리는 돈에 대한 욕심
이 있는가?

Q 2. 세상 쾌락을 추구하다가 힘이 탕진되어 영적인 부분에서 장
애를 겪은 경험이 있는가?

Q 3. 말씀 안에서의 새로운 변화를 완강하게 저지하는 내 내부의
'가시떨기 밭'은 무엇인가?

chapter 3

열매 맺지 못하게 하는
5가지 요소

복음의 핵심에 무지하면 열매가 없다

복음에 무지하다는 것은 곧 인생의 핵심에 무지하다는 말이다. 우리 인생의 핵심은 하나님을 아는 것이며 하나님을 경외하는 것이다.

> 일의 결국을 다 들었으니 하나님을 경외하고 그의 명령들을 지킬지어다 이것이 모든 사람의 본분이니라(전 12:13).

하나님을 경외하는 것이 인생의 핵심인데, 그분을 알 수 있는 곳이 성경이다. 그런데 아무리 성경을 공부해도 성경의 핵심에 무지해 하나님을 알지 못하면 인생의 핵심을 놓친 것이요, 열매가 없는 것이다. 더 무서운 점은 성경의 핵심을 알지 못하면 인간적인 생각으로 그 핵심을 해석하게 된다는 사실이다. 성경은 풀어야겠는데 복음의 핵심을 알지 못하니 풀리지 않고,

그렇다 보니 이상한 논리로 성경을 해석하는 잘못을 범하게 된다.

예컨대 '예수님이 물 위를 걸으셨다'라는 말씀은 복음의 핵심을 알지 못하면 풀리지 않는다. 이 구절을 인간의 이성으로만 풀어 보려고 하다 보면 엉뚱한 데 빠져 버린다. 예수님 당시 로마 정부가 그곳에서 방파제 공사를 하고 있었기에 물 밑에 둑이 있었고, 그래서 예수님이 물 위를 걸으신 것처럼 보이지만 실은 둑 위를 걸으신 것이라는 식으로, 인간의 이성으로 잘못 해석해 버리는 것이다.

다른 예로 '예수님이 죽으셨다가 부활하셨다'라는 사실도 복음의 핵심을 모르면 이해할 수 없다. 그래서 인간의 이성으로 풀어 보려고 애쓰게 되고, 결국 궤변을 동원하는 무리를 범하게 된다. 인간의 죄 된 상상력을 도입해 예컨대 당시 예수님이 잠시 기절하셨던 것이라든가, 여인들이 갑작스런 예수님의 죽음에 충격을 받아 착시 현상을 일으켜 헛것을 본 것이라는 식으로 왜곡하는 것이다. 이처럼 성경을 인간의 궤변으로 풀어 버리니 말씀의 씨가 제대로 자라지 못한다.

Think

Q 1. 내가 생각하는 복음의 핵심은 무엇인가?

Q 2. 나의 변화를 완강하게 저지하고 방해하는 복음의 핵심에 대한 무지가 있다면 적어 보라.

거듭나지 못하면 열매가 없다

사람이 거듭나지 않으면 말씀의 씨가 그 안에서 전혀 자랄 수 없다. 거듭나지 않았다는 것은 그 인생이 여전히 죄의 지배를 받고 있다는 뜻이다. 인생이 죄의 지배를 받고 있는 것은 사실 엄청난 문제다. 모든 죄는 곧바로 하나님을 대적하는 행위다. 거듭나지 않은 인생은 하나님을 대적하는 인생이다.

또한 거듭나지 않은 상태에서 인생 목표를 가진다 한들 의미가 없다. 물론 거듭나지 않은 사람도 나름대로 좋은 목표를 세울 수 있다. 그러나 거듭나지 않은 상태에서 세운 인생 목표는 마치 흑암의 허공에서 세운 것과 같다. 깜깜한 허공에서 아무리 큰 성공을 거두고, 또 큰 성취를 이룬다 해도 무의미하다. 그 인생 목표란 겉모양만 그럴듯하지, 진정 바른 목표가 없는 인생과 마찬가지로 의미 없이 반복되는 삶을 가져다줄 뿐이다. 바른 목표가 없는 인생은 실패로 가는 첩경이다.

미국의 권위 있는 경제 일간지 〈월스트리트 저널〉은 인생에 실패했다고 자인하는 사람 1,260명을 대상으로 설문조사를 벌였다. 조사 결과, 인생에 실패하게 된 이유를 '인생 실패의 첩경'이라는 조언 형식으로 발표했는데, 그 첫 번째 이유가 "나는 인생의 목표 없이 막연하게 성공만 바랐다"라는 것이었다. 이처럼 실패자라고 자인한 사람들이 실패의 원인으로 꼽은 첫 번째가 '인생 목표의 부재'였다. 목표가 없다는 것은 실은 인생이 없는 것이며, 무의미를 가져온다. 그리고 무의미는 죽음이다. 알베르 카뮈 (Albert Camus)는 그의 작품 《시지프의 신화》에서 인간에게 내려진 최고의 형벌이 바로 무의미의 반복이라고까지 말했다.

달리기 선수들은 "내년까지 100m를 10초에 뛰겠다"와 같이 정확한 목표를 세우고 운동할 때 가장 좋은 성과를 거둔다고 한다. 인생은 목표를 가져야 한다. 그것도 '주님'이라는 바탕 위에 세워진 바른 목표여야 한다. 주 안에서의 목표가 없으면 그 인생은 의미가 없다. 주 안에서의 목표가 아니면 참 목표가 아니다. 그러므로 인생 목표를 확고히 세워야 하며, 그렇지 않으면 아무리 성경공부를 해도 열매를 맺지 못한다.

Think

Q 1. 새로운 피조물로서의 변화를 완강하게 방해하는 인생 목표의 부재와 상실의 모습이 있다면 적어 보라.

Q 2. 거듭났으면서도 주 안에서의 목표라고 볼 수 없는 목표를 가지고 있거나 그런 목표를 추구한 적이 있었는가? 구체적으로 기술해 보라.

세상 쾌락으로 탕진하면 열매가 없다

성경공부의 열매를 가로막는 또 하나의 장애물은 세상적인 육욕을 좇다가 체력을 탕진하는 것이다. 이런 이유에서 신실한 그리스도인들은 필연적으로 체력을 탕진하게 하는 세상적인 쾌락을 추구하지 않으려 애써 왔다.

> 그러나 무엇이든지 내게 유익하던 것을 내가 그리스도를 위하여 다 해로 여길뿐더러 또한 모든 것을 해로 여김은 내 주 그리스도 예수를 아는 지식이 가장 고상하기 때문이라 내가 그를 위하여 모든 것을 잃어버리고 배설물로 여김은 그리스도를 얻고 그 안에서 발견되려 함이니 내가 가진 의는 율법에서 난 것이 아니요 오직 그리스도를 믿음으로 말미암은 것이니 곧 믿음으로 하나님께로부터 난 의라(빌 3:7-9).

> 믿음으로 모세는 장성하여 바로의 공주의 아들이라 칭함 받기를 거절하고 도리어 하나님의 백성과 함께 고난 받기를 잠시 죄악의 낙을 누리는 것보다 더 좋아하고 그리스도를 위하여 받는 수모를 애굽의 모든 보화보다 더 큰 재물로 여겼으니 이는 상 주심을 바라봄이라(히 11:24-26).

'죄악의 낙'은 육욕적인 쾌락을 말하며, 이는 건강을 탕진하는 것으로 귀결된다. 물론 생체적인 측면에서 볼 때 성경말씀에 순종하려는 의지가 있다고 해도 몸이 피곤해 성경만 펴면 졸려서 성경을 공부할 수 없는 경우도 있다. 또 눈이 아파서 성경을 오래 볼 수 없는 사람도 있다. 성경도 생체적인 이유 때문에 신앙생활이 지장을 받을 수 있음을 인정한다.

날이 새어 가매 바울이 여러 사람에게 음식 먹기를 권하여 이르되 너
희가 기다리고 기다리며 먹지 못하고 주린 지가 오늘까지 열나흘인
즉 음식 먹기를 권하노니 이것이 너희의 구원을 위하는 것이요 너희
중 머리카락 하나도 잃을 자가 없으리라 하고(행 27:33-34).

'음식 먹기를 권하노니 이것이 너희의 구원을 위하는 것이요'라는 말의
의미는 건강해야 말씀의 씨가 뿌려져도 싹이 날 수 있고, 결국 열매를 맺
을 수 있다는 뜻이다. 체력이 약한 것이 영적인 열매를 거두는 데 영향을
준다는 것이다.
　그러나 생체적인 체력의 고갈보다 영적 성장에 있어서 훨씬 더 큰 장애
물이 바로 우리가 하나님이 기뻐하시지 않는 세상적인 쾌락을 추구하는
것이다.

나는 내 마음에 이르기를 자, 내가 시험 삼아 너를 즐겁게 하리니 너
는 낙을 누리라 하였으나 보라 이것도 헛되도다(전 2:1).

어떤 사람은 죽도록 기운이 충실하여 안전하며 평안하고 그의 그릇
에는 젖이 가득하며 그의 골수는 윤택하고 어떤 사람은 마음에 고통
을 품고 죽으므로 행복을 맛보지 못하는도다 이 둘이 매한가지로 흙
속에 눕고 그들 위에 구더기가 덮이는구나(욥 21:23-26).

'헛되도다', '구더기가 덮이는구나'라는 말은 육욕적인 쾌락의 끝은 허
무하다는 것이며 억울한 탈진이라는 뜻이다. 결국 우리의 몸을 탕진해 버

리면 성경을 공부해도 공부한 말씀의 씨가 제대로 커 나갈 수 없다.

돈 욕심은 자기관리를 깨뜨린다

돈 관계가 반듯하지 못하면 성경을 열심히 공부해도 말씀의 씨가 성품
적 열매를 맺지 못한다. 왜냐하면 돈에 대한 욕심은 허상이며, 허상을 잡
으려 하는 것이기 때문이다. 잡을 수 없는 것을 잡으려고 하다가 실패하
고, 정신과 심령이 망가지면서 말씀을 들어도 싹조차 피우지 못하고 고사
되고 마는 것이다.

돈에 대한 욕심은 충족될 수 없다. 더구나 오늘날 세상의 경제구조상 돈에 대한 욕심을 충족하기란 매우 힘들다. 세상의 경제구조는 피라미드 구조다. 피라미드 구조는 위로 올라가면 올라갈수록 갈증만 나는 구조다. 아주 극소수만 돈을 얻게 되지만, 그들조차도 돈에 대한 욕심을 충족하지 못한 채 살아간다.

잡히지 않는 것을 잡으려고 하다 보니 무리하게 되고, 무리하다 보니 몸이 피곤해지고, 결국 부부간에 대화가 단절되고, 모처럼 나누는 대화도 돈 이야기뿐 대부분은 한숨짓는 것으로 끝나면서 갖가지 문제가 발생하기 시작한다. 그러다가 극단적으로 돈을 더 모으기 위해서 남편 따로, 아내 따로, 자식들 따로가 되는 안타까운 일이 생기기도 한다. 만에 하나 돈을 많이 벌어 거부가 되었다 해도 돈에 대한 욕심이 충족되는 것도 아니다. 돈을 많이 벌어도 만족하지 못하는 사람들이 대부분이고, 결국 충족하지 못하기에 삶이 더 고갈되는 것이다.

이러한 이유로 돈에 욕심을 부리면 아무리 성경공부를 해도 말씀의 씨가 내면에서 자랄 수가 없다. 자기관리의 핵심은 돈을 잘 관리하는 데 있으며, 결국 자신을 잘 관리하지 못하면 성경공부의 열매를 맺기가 어렵다.

인간관계가 깨지면 열매가 없다

내부에 죄가 있으면 말씀의 씨가 자라지 못한다. 죄는 사람을 경직되고 딱딱하게 만든다. 죄는 사람의 마음의 문을 닫아 버린다. 앞서 언급했듯이 모든 죄는 인간관계를 타고 흐른다. 따라서 죄는 인간관계의 불화의 결과다.

속에서 곧 사람의 마음에서 나오는 것은 악한 생각 곧 음란과 도둑질과 살인과 간음과 탐욕과 악독과 속임과 음탕과 질투와 비방과 교만과 우매함이니 이 모든 악한 것이 다 속에서 나와서 사람을 더럽게

41

하느니라 (막 7:21-23).

이 모든 죄악이 사람을 경유해서 나오며, 이 때문에 인간관계상의 불화가 모든 죄의 핵심이 된다. 그래서 예수님도 땅에서 매면 하늘에서도 매인다고 경고하신 것이다.

진실로 너희에게 이르노니 무엇이든지 너희가 땅에서 매면 하늘에서도 매일 것이요 무엇이든지 땅에서 풀면 하늘에서도 풀리리라 (마 18:18).

'땅에서 매면'이라는 말은 '땅에서 사람들과 불화해 관계가 막히면'이라는 뜻이다. 아무리 성경을 공부해도 열매를 맺지 못하게 가로막는 장애물이 사람과 불화하는 죄라는 것이다. 예컨대 교사와 사이가 나빠지고 마음에 상처를 입었다고 하자. 인간은 관계가 좋지 않은 사람이 하는 말은 귀 기울여 듣지 않는 경향이 있다. 상대방의 말을 따르기는커녕 반대로 하며, 그가 가장 원하는 것을 고의적으로 방치한다. 그러면서 반감이 쌓이는데, 성경은 그 상태를 '감정'이라고 표현한다. 속으로 원수 관계가 된다는 말이다.

원수는 입술로는 꾸미고 속으로는 속임을 품나니 (잠 26:24).

여기서 '속임을 품나니'라는 말은 개역한글 성경에 '궤휼을 품나니'로 표현되어 있다. 이는 상대를 생각 속에서 죽였다 살렸다, 미워했다 저주했다 한다는 말이다. 만일 성경공부를 가르치는 교사에게 감정이 쌓여 있다면 성경을 가까이하라는 그의 권면이 귀에 들어오겠는가? 이런 이유로 설혹 성경공부를 했다 하더라도 말씀의 씨가 자라지 못하고, 자라지 못하니 성품적 열매가 거의 없는 것이다. 이런 점에서 예수님의 다음 말씀은 시사적이다.

> 그러므로 예물을 제단에 드리려다가 거기서 네 형제에게 원망 들을 만한 일이 있는 것이 생각나거든 예물을 제단 앞에 두고 먼저 가서 형제와 화목하고 그 후에 와서 예물을 드리라 너를 고발하는 자와 함께 길에 있을 때에 급히 사화하라 그 고발하는 자가 너를 재판관에게 내어 주고 재판관이 옥리에게 내어 주어 옥에 가둘까 염려하라 진실로 네게 이르노니 네가 한 푼이라도 남김이 없이 다 갚기 전에는 결코 거기서 나오지 못하리라 (마 5:23-26).

'급히 사화하라'라는 말은 원수였던 사이가 원한을 풀고 서로 화평하게 지내지 않으면 당연히 자라야 할 말씀의 씨가 자라지 못한다는 뜻이다. '옥에 가둘까'라는 말은 불화한 인간관계를 바로잡지 않으면 아무리 성경공부를 많이 하고 오랫동안 설교 말씀을 들어도 열매를 맺지 못하고, 영혼의 상태가 밑바닥에 놓일 수밖에 없다는 경고다.

Think

Q 1. 나의 새로운 피조물로서의 변화를 완강하게 저지하고 강력하게 방해하는, 지금도 지속되고 있는 인간관계의 불화가 있다면 그 모습을 적어 보라.

chapter 4

열매 맺지 못하는
삶의 결과

우리는 지금까지 예수님이 우리 안에 자리 잡고 있는 장애물들로 지목하신 '길가 밭', '돌밭', '가시떨기 밭'에 대해 구체적으로 살펴보았다. 이 장에서는 말씀의 씨가 성장하는 일을 저지하는 이들 장애물을 방치해 둘 때 파생되는, 우리 인생과 신앙에 나타나는 심대한 부작용들에 대해서 살펴보자. 앞으로 확인되겠지만 이런 부작용들의 공통점은 예수 믿는 사람이 다른 사람들에게 깊고 커다란 상처를 주는 가해자가 된다는 점이다.

신(新)바리새인이 되어 버린다

내면에 뿌려진 말씀은 원래 싹을 틔우고, 줄기를 내고, 열매를 맺어 삶을 변화시키는 데까지 이르게 되어 있다. 문제는 내부에 영적 성장을 방해하는 장애물들이 자리 잡고 있다는 점이다. 그 장애물들을 치워 내지 않고 장기간 방치해 두면 그대로 굳어져 나중에는 신앙 인격과 삶이 예수님이 그토록 질책하시던 바리새인처럼 이중적으로 전락하고 만다.

겉으로 볼 때는 종교적 행위도, 교회 생활도 매우 열심이고 헌신적이다. 새벽기도회부터 시작해 구역예배까지 정성으로 드리고, 주일은 온종일 교회에 살다시피 한다. 문제는 그 모습이 교회 밖을 나서는 순간 약화된다는 점이다. 가정과 사회와 직장에서는 교회에서 보이던 모습이 거의 실종되어 버린다. 교회에서는 그렇게도 친절하고, 시종 웃고, 다른 사람을 환영하고 배려할 줄 알던 사람이 교회 밖에만 나오면 달라진다. 어떤 때는 비신자도 차마 입에 담지 않는 욕을 자녀에게 쏟아 내고, 경제적인 이해가 걸린 문제에 대해서는 비신자보다 더 모질게 굴기도 한다.

내부의 장애물들을 치워 내지 못한 상태에서 하나님의 말씀을 사변적 지식으로만 받아들인 탓이요, 종교적인 활동에만 유능한 종교인이 되어 버렸기 때문이다. 신앙생활을 한 지 10년, 20년이 되었고, 성경공부도 안 해 본 것이 없다면 변화가 있어야 하는데 그렇지 못하니 안타까운 일이다. 그러므로 우리 안에 뿌려진 말씀이 열매를 맺지 못하게 만드는 우리 안의 장애물들을 하루속히 치우는 것은 성경공부의 성패를 좌우하는 관건이다.

Think

Q 1. 내 내부의 장애물들을 장기간 방치해 둠으로써 현재 나의 신앙과 인생과 삶과 인격을 바리새인처럼 이중적으로 만들어 버린 항목이 있다면 무엇인가?

자녀가 말씀을 떠나게 된다

내 안에 뿌려진 말씀이 열매를 맺지 못하도록 방해하는 장애물들을 장기간 방치해 두고 치워 내지 않으면 굳어져서 나중에는 자녀들의 인생과 신앙에도 악영향을 미치게 된다.

> 내 백성이 지식이 없으므로 망하는도다 네가 지식을 버렸으니 나도 너를 버려 내 제사장이 되지 못하게 할 것이요 네가 네 하나님의 율법을 잊었으니 나도 네 자녀들을 잊어버리리라(호 4:6).

'지식을 버렸으니', '율법을 잊었으니'라는 말은 성경을 외우고 공부하지만 말씀에 순종하는 데까지는 이르지 못했다는 말이다. 이 말씀은 그 결과 자녀들에게까지 악영향을 끼치게 된다고 말한다.

> 오직 주의 교훈과 훈계로 양육하라(엡 6:4).

여기에는 두 단어가 나온다. 하나는 '교훈'이고, 또 하나는 '훈계'다. '교훈'이란 헬라어로 '파이데이아'인데, '본이 되는 행동'이라는 뜻이다. 쉽게 말해서 부모가 성경공부만 하는 것을 넘어서서 공부한 성경말씀대로 사는 것, 즉 말씀대로 살려고 애쓰는 것을 말한다. 또한 '훈계'란 헬라어로 '노우데시아'인데, '교정하는 말'이라는 뜻이다. 자녀들을 꾸짖고, 교훈하고, 훈계할 때 그 근거를 부모 자신의 말에 두어서는 안 되고 하나님의 말씀에 두라는 교훈이다. 그러므로 하나님의 교육은 말씀대로 살려고 애쓰는 것을 보여 주는 교육이며, 또한 하나님의 말씀을 근거로 하는 교육을 말한다.

그런데 여기서 눈여겨볼 대목이 하나 있다. '교훈'과 '훈계'를 연결하고 있는 '과'라는 접속사다. 이 접속사는 이른바 '전제 접속사'인데, 연결하는 두 항목이 불가분리의 관계에 있음을 나타낸다. 다시 말해서 '과' 앞에 있는 항목이 이루어져야만 '과' 뒤의 항목도 이루어진다는 것이다. 이는 곧 자녀 교육은 말로만 되는 것이 아니라 말씀이 행동으로 이어져 성품적 열매로 나타나야 한다는 것을 시사한다.

그러므로 부모가 아무리 성경을 묵상하고, 성경공부를 하고, 성경을 암송한다 하더라도 열매를 맺어 인격이 변하고 삶이 바뀌는 자리에까지 이르지 않는다면 자녀들에게 악영향을 끼칠 수밖에 없다. 초창기 이스라엘 자녀 교육의 역사는 이 교훈에 대한 살아 있는 예다. 부모가 말씀을 달달 외우고, 묵상하고, 성경공부는 많이 했으나, 말씀대로 변화되지 못하고 그저 자녀들에게 말로만의 교육을 했다가 자녀들을 망친 대표적인 경우다.

> 너는 마음을 다하고 뜻을 다하고 힘을 다하여 네 하나님 여호와를 사랑하라 오늘 내가 네게 명하는 이 말씀을 너는 마음에 새기고 네 자녀에게 부지런히 가르치며 집에 앉았을 때에든지 길을 갈 때에든지 누워 있을 때에든지 일어날 때에든지 이 말씀을 강론할 것이며 너는 또 그것을 네 손목에 매어 기호를 삼으며 네 미간에 붙여 표로 삼고 또 네 집 문설주와 바깥문에 기록할지니라 (신 6:5-9).

옛날이나 지금이나 이스라엘 사람들은 교육열이 매우 높고 자녀들에게 성경을 부지런히 가르친다. 성경말씀을 벽에도 붙여 놓고, 문설주에도 붙여 놓고, 자녀들의 눈에 띌 만한 곳이나 그들이 갈 만한 곳이면 성경말씀을 종이에 적어 붙여 놓고는 자녀들로 하여금 외우게 했다. 철저했으며 매서웠다. 그러면 그들이 바로 자랐어야 할 것이다. 믿음도 출중했어야 할 것인데 그렇지 않았다. 그들은 바로 자라기는커녕 하나님을 버렸고, 아예 하나님을 배반했다. 요샛말로 교회라면 치를 떠는 비신자들이 되어 버렸다. 사사기 2장 8-10절에는 부모의 기대를 무너뜨린 이 충격적인 사실이 기록되어 있다.

여호와의 종 눈의 아들 여호수아가 백십 세에 죽으매 무리가 그의 기업의 경내 에브라임 산지 가아스 산 북쪽 딤낫 헤레스에 장사하였고 그 세대의 사람도 다 그 조상들에게로 돌아갔고 그 후에 일어난 다른 세대는 여호와를 알지 못하며 여호와께서 이스라엘을 위하여 행하신 일도 알지 못하였더라.

여기서 '그 후에 일어난 다른 세대'란 이스라엘 자녀들을 말한다. 그들이 '여호와를 알지 못하며'라고 본문은 적고 있다. 이 말은 자녀들이 비신자가 되었다는 뜻이다. 이어지는 사사기 2장 11-13절은 '여호와를 알지 못하며'라는 말이 무엇을 의미하는지에 대해 자세히 부연 설명해 준다.

이스라엘 자손이 여호와의 목전에 악을 행하여 바알들을 섬기며 애굽 땅에서 그들을 인도하여 내신 그들의 조상들의 하나님 여호와를 버리고 다른 신들 곧 그들의 주위에 있는 백성의 신들을 따라 그들에게 절하여 여호와를 진노하시게 하였으되 곧 그들이 여호와를 버리고 바알과 아스다롯을 섬겼으므로.

'주위에 있는 백성의 신'이라는 말은 '주위에 있는 백성'과 '그들의 신'의 합성어다. 여기서 '주위에 있는 백성'은 이방인들, 즉 비신자들이다. 또 '신'이란 우리가 믿는 하나님을 지시하는 것이 아니다. 이방인에게 절대적인 가치로 작용하고 있는 것을 상징화한 말이다. 즉 돈, 명예, 권력, 이 세상의 안락을 말한다. 이스라엘 백성이 자녀들에게 열심히 말씀을 가르쳤음에도 그들은 완전히 비신자가 되어 버렸던 것이다. 도대체 왜 이런 기막힌 일이 벌어진 것인가? 신명기 6장 10-14절이 그 답의 일단(一端)을 제공해 준다.

네 하나님 여호와께서 네 조상 아브라함과 이삭과 야곱을 향하여 네게 주리라 맹세하신 땅으로 너를 들어가게 하시고 네가 건축하지 아니한 크고 아름다운 성읍을 얻게 하시며 네가 채우지 아니한 아름다운 물건이 가득한 집을 얻게 하시며 네가 파지 아니한 우물을 차지하게 하시며 네가 심지 아니한 포도원과 감람나무를 차지하게 하사 네게 배불리 먹게 하실 때에 너는 조심하여 너를 애굽 땅 종 되었던 집에서 인도하여 내신 여호와를 잊지 말고 네 하나님 여호와를 경외하며 그를 섬기며 그의 이름으로 맹세할 것이니라 너희는 다른 신들 곧 네 사면에 있는 백성의 신들을 따르지 말라.

이스라엘 백성은 처음부터 유복하게 산 것은 아니었다. 매우 어렵게 살았고 고생을 많이 했다. 정착기에는 주리기도 숱하게 했고, 세상에 험한

50

일이란 험한 일은 다 겪었다. 그래도 그때는 하나님을 잘 섬겼고, 말씀대로 실행하고 순종하며 살려고 애썼다. 그런데 상황이 바뀌었다. 젖과 꿀이 흐르는 땅으로 이주하게 되었고, 하나님이 은혜를 베푸셨다. 그래서 갑자기 잘살게 되었다. 넓은 땅도 생겼고, 큰 집에서 살게 되었다.

세상적인 조건이 반전되자 신앙은 반비례하기 시작했다. 신앙생활에 나태함과 적당주의가 들어왔다. 성경을 암송하고 묵상하면서도 '좋은 게 좋은 것 아니냐' 하면서 세상과 타협하는 마음이 들어왔다. 말로만 자녀들을 다그쳤고, 말씀에 순종하는 삶이 없었다.

이스라엘 백성은 잘살게 되자 하나님의 경고를 듣지 않았다. 듣는 둥 마는 둥 가볍게 여겨 버렸다. 그러고는 사면에 있는 이방인들의 신을 좇았다. 요샛말로, 주일에는 교회에 나가 예배를 드리고, 주중에는 무당을 찾고 점보고 다녔다. 돈과 권력과 명예와 자기 자존심이 신이 되어 버렸다. 말씀은 기막히게 암송하고 인용하면서도 주중 생활은 공부한 말씀과는 전혀 무관하고, 어떤 의미에서는 비신자보다 더 모질게 이중적으로 살게 되었다. 이렇게 하나님의 말씀에 순종하지 않으면서도 자녀들에게 말로만 성경말씀을 열심히 가르쳤다.

그러나 자녀들은 바보가 아니었다. 순종하지 않고 말로만 가르치는 괴리를 깨달은 것이었다. 이런 차제에 부모가 하나님에 대해 아무리 설명해도 자녀가 귀 기울여 듣지 않는 것은 당연하다.

이후에 너희의 자녀가 묻기를 이 예식이 무슨 뜻이냐 하거든 너희는 이르기를 이는 여호와의 유월절 제사라 여호와께서 애굽 사람에게 재앙을 내리실 때에 애굽에 있는 이스라엘 자손의 집을 넘으사 우리의 집을 구원하셨느니라 하라 하매 백성이 머리 숙여 경배하니라 (출 12:26-27).

자녀에게 하나님의 구원 사역을 설명하려 해도 부모부터 하나님을 무시하고 하나님의 말씀에 순종하지 않는 삶을 살아가기에 자녀가 속으로 웃어 버리고 만다. 제사장이고 선지자인 아버지가 성경공부만 할 뿐 공부한 말씀대로 살지 않고 말만 하니까 구원 사역이 아니라 그 무엇을 설명해도 먹혀들어가지를 않는다.

그러면 다른 사람을 가르치는 네가 네 자신은 가르치지 아니하느냐 도둑질하지 말라 선포하는 네가 도둑질하느냐 간음하지 말라 말하는 네가 간음하느냐 우상을 가증히 여기는 네가 신전 물건을 도둑질하느냐 율법을 자랑하는 네가 율법을 범함으로 하나님을 욕되게 하느냐(롬 2:21-23).

자녀는 가르치면서 자기는 가르침에 순종하며 살려 하지 않는 것, 이것이 바로 이스라엘 선대의 교육이 실패한 이유다. 부모가 성경공부란 성경공부는 다 섭렵하고 다녀도 말씀에 순종하지 않으면 자녀들을 얼마나 망가뜨릴 수 있는지는 상상하기조차 두렵다.

교회에서는 분명히 "자녀들아 주 안에서 너희 부모에게 순종하라 이것이 옳으니라"(엡 6:1)라는 말씀에 "아멘!" 하는 어머니의 모습을 보았는데, 정작 집에 와서는 어머니가 할머니를 구박하고 면박을 주는 장면을 자녀들이 목격한다면 과연 그 자녀가 어머니의 말을 듣겠는가?

또한 성경공부를 하면서 "일곱째 날은 네 하나님 여호와의 안식일인즉 너나 네 아들이나 네 딸이나 … 아무 일도 하지 말라"(출 20:10)라는 말씀에 "아멘!" 했는데, 부모가 주일에 1부 예배만 갔다 와서는 가게 문을 열러 나가고, 일손이 부족하다며 자녀들까지 동원하고, 더 나아가 교회에 못 가도 되니 학원이나 열심히 다니라고 말한다고 하자. 그런 부모의 모습을 보고 자라는 자녀들이 부모 말을 잘 들을 리 없고, 신앙이 좋아질 수도 없다.

Think

Q 1. 성경공부는 많이 하는데 부모인 내가 먼저 말씀에 순종하지 못함으로 현재 자녀 교육에 나타난 부작용이 있다면 무엇인가?

Q 2. 나의 나쁜 버릇 또는 고질적인 죄 중에서 자녀에게 그대로 답습된 것이 있는가? 왜 나의 악습이 자녀에게 답습된 것일까?

복음 훼방꾼이 될 수 있다

최근 기독교계에서 왜 비신자들이 예수를 잘 믿지 않는지에 대해 조사를 한 적이 있었다. 그런데 그 이유 중에 우리 마음을 가장 아프게 하는 답이 "예수 믿는 사람 누구누구가 미워서 교회에 못 나가겠다"라는 것이었다. 이것은 예수 믿는 사람에게 받은 상처에 대한 비신자들의 토로일 것이다. 개중에는 예수 믿는 사람에게 받은 상처가 얼마나 깊었으면 "당신 같은 사람이 천국 간다면 나는 절대로 안 간다!" 하고 분을 토하는 사람도 있다.

내 안에 뿌려진 말씀이 삶을 변화시키는 데까지 나아가지 못하면 예수 믿는 사람이 복음을 전하는 전령자가 아니라 복음을 훼방하는 훼방꾼이 될 수 있다.

> 너희는 세상의 소금이니 소금이 만일 그 맛을 잃으면 무엇으로 짜게 하리요 후에는 아무 쓸데없어 다만 밖에 버려져 사람에게 밟힐 뿐이니라 너희는 세상의 빛이라 산 위에 있는 동네가 숨겨지지 못할 것이요 사람이 등불을 켜서 말 아래에 두지 아니하고 등경 위에 두나니 이러므로 집 안 모든 사람에게 비치느니라 이같이 너희 빛이 사람 앞에 비치게 하여 그들로 너희 착한 행실을 보고 하늘에 계신 너희 아버지께 영광을 돌리게 하라(마 5:13-16).

만약 예수를 믿지 않는 사람에게 돈을 빌렸다고 하자. 빌린 돈을 제 날짜에 갚아야 하는데, 살다 보면 약속을 지키지 못할 때가 있다. 그러면 돈을 빌려 준 사람을 찾아가 정중히 양해를 구하고 돈 갚을 날짜를 연기할 수 있다. 그런데 아무런 말도 없이 돈을 갚아야 하는 날짜를 일방적으로 미루면서도 미안한 기색 하나 없이 "기도 많이 하고 있습니다"라고 말만 한다면 어떻겠는가? 예수 믿지 않는 사람의 분통이 터지는 것이다. 그런 상황에서 돈을 빌려 준 사람에게 전도지를 가져다주고, 성경책을 사 주고, 설교 CD를 가져다준들 쳐다보지도 않을 것이다. 이것이 바로 '소금이 그 맛을 잃으면 사람에게 밟힐 뿐'이라는 말씀의 뜻이다.

우리가 말씀을 공부하고, 말씀대로 살려고 애쓰고, 말씀대로 살지 못한 것을 가슴을 치며 통회하는 삶을 살았다면 지금쯤 우리를 통해서 많은 비신자가 예수를 믿게 되었을 것이라는 사실을 생각하면 안타깝다.

> 새 계명을 너희에게 주노니 서로 사랑하라 내가 너희를 사랑한 것같이 너희도 서로 사랑하라 너희가 서로 사랑하면 이로써 모든 사람이 너희가 내 제자인 줄 알리라(요 13:34-35).

우리가 예수 믿는 사람이라는 것을 세상 사람들이 무엇을 보고 알 수 있을까? 우리가 기도하고, 예배드리고, 봉사하고, 성경공부하고, 구역장과 성가대원으로 섬기는 모습을 보고 '아! 저 사람이 신자구나! 저 사람이 예수를 따르는 사람이구나!'라고 생각하지는 않는다.

물론 성경을 보고, 기도하고, 예배드리는 일은 더없이 귀하다. 그러나 세상 사람들은 우리가 종교성을 띤 일을 하는 모습을 보고 우리를 예수 믿는 사람으로 인정해 주지는 않는다. 그들은 우리가 '서로 사랑할 때' 그리스도인으로 인정해 준다. 다시 말해 우리가 서로 오래 참아 주고, 온유하게 대하고, 투기하지 않고, 자랑하지 않고, 교만하지 않고, 무례히 행하지 않고, 자기의 유익을 구하지 않고, 성내지 않으며 살아가는 모습을 보고 우리를 예수 믿는 사람으로 인정해 준다. 우리가 가정과 사회와 직장에서 하나님 앞에서 바른 아버지로, 바른 어머니로, 바른 자녀로, 바른 사장으로, 바른 직원으로, 바른 학생으로 "이웃을 사랑하라"라는 말씀대로 살아가려고 애쓰는 모습을 보고서 말이다.

종교성을 띤 어떤 행동이나 모습이 아니라 예수 믿는 신자로서 성경말씀대로 하나님 앞에 정직하게 살고, 이웃을 속이지 않고, 남을 이해해 주며, 핍박을 당할지라도 상대방에게 앙심을 품지 않고 오히려 품어 주며 살려고 애쓸 때 세상 사람들은 그런 우리를 보고 신자로 알아준다.

이것은 매우 중요한 영적인 사건이다. 세상 사람들은 자기들과 전혀 다른 방식으로 사는 우리의 모습을 보면서 한편으로 놀라워하고 당혹해하면서 우리가 나가는 교회에 대해 관심을 가져 보기도 하고, 우리가 믿는 하나님에 대해 질문하기도 한다. 그러다가 복음에 접촉되어 마음을 열게 되는데, 이 일에 촉매제가 되기 때문이다.

이러한 이유로 성경공부에서 배운 말씀대로 순종하려는 신자의 모습을 가리켜 성경은 '그리스도의 편지', '그리스도의 향기'라고 말한다.

> 너희는 우리로 말미암아 나타난 그리스도의 편지니 이는 먹으로 쓴 것이 아니요 오직 살아 계신 하나님의 영으로 쓴 것이며 또 돌 판에 쓴 것이 아니요 오직 육의 마음 판에 쓴 것이라(고후 3:3).

> 우리는 구원받는 자들에게나 망하는 자들에게나 하나님 앞에서 그리스도의 향기니(고후 2:15).

'그리스도의 편지', '그리스도의 향기'라는 말은 믿지 않는 사람들의 마음을 여는 촉매자라는 뜻이다. 이 말을 거꾸로 생각해 보면, 비록 성경공부를 많이 했거나 평생 새벽기도회에 한 번도 빠진 적이 없다 하더라도 친동기간에 시기하고, 직장에서 남을 속이고 욕심을 부리면서 산다면 그는 그리스도의 편지도, 향기도 될 수 없다는 뜻이 된다.

Think

Q 1. 내가 잘못된 모습을 보임으로써 비신자로부터 비난조의 말을 들은 적이 있는가?

Q 2. 성경공부는 많이 하는데 말씀에 순종하지 못함으로 실제로 복음 전도에 방해물이 된 예들을 알고 있다면 적어 보라.

Five Dimentional Talent Education

PART 02

배운 것을 모두 수용하게 하는
5차원 달란트 교육

또 마음을 다하고 지혜를 다하고 힘을 다하여 하나님을 사랑하는 것과 또 이웃을 자기 자신과 같이 사랑하는 것이 전체로 드리는 모든 번제물과 기타 제물보다 나으니이다(막 12:33).

chapter 1

딱딱한 땅을
기경하라

앞에서 우리는 성경을 열심히 공부해도 인격적 열매가 맺히지 못하도록 방해하는 장애물들로 복음의 핵심에 대한 무지, 거듭나지 않음, 세상 쾌락에 의해 탕진된 체력, 돈에 대한 욕심, 악화된 인간관계 등을 살펴보았다. 그런데 이들 장애물은 인간의 5가지 기능 요소인 지력(복음의 핵심에 대한 무지), 심력(거듭나지 않음), 체력(세상 쾌락에 의해 탕진된 체력), 자기관리력(돈에 대한 욕심), 인간관계력(악화된 인간관계)과 정확히 일치한다.

인간의 기능 요소란 인간의 삶과 생활이 기능하게 하는 요소들을 말한다. 그러므로 우리는 5가지 기능 요소에 연결된 문제들을 해결했을 때 말씀의 열매를 맺을 수 있다.

> 또 마음을 다하고 지혜를 다하고 힘을 다하여 하나님을 사랑하는 것
> 과 또 이웃을 자기 자신과 같이 사랑하는 것이 전체로 드리는 모든

번제물과 기타 제물보다 나으니이다(막 12:33).

이 말씀은 인간의 삶과 생활을 기능하게 하는 5가지 요소가 제대로 갖추어졌을 때, 즉 '지혜를 다하고'(지력), '마음을 다하고'(심력), '힘을 다하여'(체력), '제 몸과 같이 사랑하고'(자기관리력), '이웃을 사랑하는 것'(인간관계력)을 바르게 할 때 하나님의 명령을 준행하는 능력을 갖출 수 있다고 말한다.

부족한 요소가 성장을 좌우하는 최소량의 법칙

5가지 기능 요소는 각기 독립적이고 단면적으로 기능하는 것이 아니라 상호 전면적으로 연결되어 있다. 따라서 지력, 심력, 체력, 자기관리력, 인간관계력 중 하나의 요소라도 부실해지면 전체에 악영향을 미치게 된다. 이러한 상호 전면성을 과학적으로 설명해 주는 것이 '최소량의 법칙'이다.

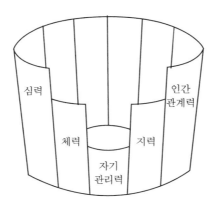

최소량의 법칙

앞의 그림은 여러 개의 나무 조각들로 구성된 물통이다. 이 물통의 모든 나무 조각이 온전하다면 물을 가득 담을 수 있다. 하지만 나무 조각의 어느 한 부분이라도 부러져 있으면 아무리 물을 많이 부어도 부러진 나무 조각의 높이까지만 채워질 뿐이다. 다시 말해, 물은 물통을 구성하고 있는 나무 조각의 최소 높이까지밖에 채워지지 못하는 것이다. 이것이 바로 최소량의 법칙이며, 최소량의 원리는 인간사 모든 분야에 적용된다.

한 기업을 운영하는 사장이 회사의 발전을 위해 지력이 우수한 직원을 뽑았다. 그런데 그는 체력이 약했기에 자주 결근을 해 좋은 성과를 내지 못했다. 그래서 다음에는 지력이 좋고 체력도 강한 직원을 뽑았다. 그러나 그는 매사에 마음이 부정적이고 소극적이어서 맡겨진 일을 잘 해결해 내지 못했다. 그래서 다음에는 지력이 뛰어나고, 체력도 튼튼하며, 심력도 강한 직원을 선발했다. 그런데 그는 자기관리력과 인간관계력이 좋지 않아 매일 직원들과 다투어서 회사에 손해만 입혔다.

이러한 원리는 그리스도인들의 신앙생활에도 해당된다. 지력이 부족해서 성경의 핵심, 즉 복음의 핵심을 모르면 아무리 성경을 읽어도 어느 정도 수준에 머무를 수밖에 없다. 거듭나지 못한 채 교회만 왔다 갔다 하는 사람도 마찬가지다. 그는 옛 사람의 마음 그대로여서 성경공부를 열심히 해도 열매를 맺지 못한다. 체력이 약한 신자는 기도하고 성경을 읽으려는 마음은 있지만 세상적인 육욕에 힘을 탕진해 버려 마음에 심긴 말씀의 씨가 체력이 허용하는 정도밖에 자라지 못한다. 자기관리력이 부족한 신자도 마찬가지다. 돈 욕심에 사로잡혀 있어서 자기관리가 안 되는 신자는 아무리 성경공부를 많이 해도 자기관리가 되는 만큼만 자랄 뿐이다. 또한 성경공부 하는 방법이 좋고, 마음이 반듯하고, 체력이 강하고, 자기관리를 잘한다 해도 인간관계가 나쁘면 공부한 말씀은 인간관계가 나쁜 만큼밖에는 자라지 못한다.

이처럼 말씀을 공부해도 삶의 변화라는 열매를 맺지 못하는 것은 단순히 기도가 부족하다는 단면적인 이유 때문이 아니라 지력, 심력, 체력, 자기관리력, 인간관계력 등 인간의 5가지 기능 요소와 밀접히 관련된 전면적인 이유가 이면에 자리 잡고 있기 때문이다.

그러므로 자신의 달란트를 최대로 발휘할 수 있는 방법은 물통에 물을 얼마나 많이 붓느냐가 아니라 물통의 부서진 나무 조각을 어떻게 회복시키느냐에 달려 있다. 즉 지력, 심력, 체력, 자기관리력, 인간관계력을 훈련함으로써 약점을 해결해 나갈 때 자신의 달란트를 최대로 발휘할 수 있는 것이다.

달란트에 우열은 없다

마태복음 25장의 달란트 비유는 하나님이 각 개인에게 부여하신 달란트와 은사와 적성과 사명 사이에는 서로 우열 개념이 존재하지 않는다는 사실을 보여 준다.

> 다섯 달란트 받았던 자는 다섯 달란트를 더 가지고 와서 이르되 주인이여 내게 다섯 달란트를 주셨는데 보소서 내가 또 다섯 달란트를 남겼나이다 그 주인이 이르되 잘하였도다 착하고 충성된 종아 네가 적은 일에 충성하였으매 내가 많은 것을 네게 맡기리니 네 주인의 즐거움에 참여할지어다 하고 두 달란트 받았던 자도 와서 이르되 주인이여 내게 두 달란트를 주셨는데 보소서 내가 또 두 달란트를 남겼나이

다 그 주인이 이르되 잘하였도다 착하고 충성된 종아 네가 적은 일에 충성하였으매 내가 많은 것을 네게 맡기리니 네 주인의 즐거움에 참여할지어다 하고(마 25:20-23).

하나님이 한 사람에게 다섯 달란트를 맡기셨다. 성경에서 '5'라는 숫자가 가진 의미를 감안할 때 세상적인 관점에서 보면 엄청나게 큰 일을 맡기신 것이라고 해석해도 무방하다. 다섯 달란트를 맡은 사람은 다섯 달란트를 남기며 맡겨진 일을 완수해 냈다. 하나님은 그에게 "잘하였도다 착하고 충성된 종아 네가 적은 일에 충성하였으매 내가 많은 것을 네게 맡기리니 네 주인의 즐거움에 참여할지어다"(21절)라는 평가를 내리셨다.

두 달란트를 받은 사람은 어떠한가? 성경에서 '2'라는 숫자가 의미하는 것을 생각하면 다섯 달란트에 비해 상대적으로 미미한 일을 맡은 것이라고 볼 수 있다. 세상적인 눈으로 보면 별 볼 일 없는 일을 맡았는데도 두 달란트를 받은 사람은 역시 두 달란트를 남기며 맡겨진 일을 완수해 냈다.

중요한 것은 하나님이 내리신 평가가 다섯 달란트를 받은 사람과 글자 하나 틀리지 않고 똑같다는 점이다.

잘하였도다 착하고 충성된 종아 네가 적은 일에 충성하였으매 내가 많은 것을 네게 맡기리니 네 주인의 즐거움에 참여할지어다(마 25:23).

마태복음의 달란트 비유는 하나님이 맡기신 달란트와 은사와 적성과 사명에는 덜 중요하고, 더 중요한 구분이 없다는 것을 말해 준다. 우리가 충성하느냐가 중요한 것이지, 지도하는 달란트는 중요하고 섬기는 달란트는 덜 중요한 것이 결코 아니다. 대통령직을 맡은 사람은 하나님이 크게 쳐 주셔서, 수위직을 맡은 사람은 하나님이 덜 쳐 주셔서가 아니다. 단지 인간의 생각과 인식으로 볼 때 크거나 적게 여겨지는 등 미미한 구분이 있을 뿐이다.

그런데 앞서 살펴본 대로 인간의 전인격적 인성, 즉 지력, 심력, 체력, 자기관리력, 인간관계력의 문제점을 해결할 때 우리는 달란트를 최대한 발휘할 수 있으며, 그때 착하고 충성된 종으로서 승리하는 삶을 살아갈 수 있다. 그러므로 세상적인 출세 여부와 관계없이 진정으로 성공한 인생을 살 수 있는 대안, 세상적 교육 방식과는 본질적으로 다른 대안인 성경적 달란트 교육을 해야만 한다.

밭부터 갈고 씨를 뿌려라

이제 왜 그동안의 성경공부가 그토록 뜨거운 열기와 열심에도 불구하고 말씀의 씨가 자라서 인격의 변화에까지 이어지지 못했는지를 알 수 있다. 인간의 5가지 기능 요소, 즉 지력, 심력, 체력, 자기관리력, 인간관계력과 관련해 우리 내부에 쌓여 있던 장애물들을 먼저 치워야 했는데, 그러한 전면적인 해법이 무시되어 왔기 때문이다. 내면의 5가지 장애물들 때문에, 다시 말해 전인격적 인성에 생긴 문제들 때문에 진리가 들어와도 수용하지 못한 것이다. 그러므로 이 장애물들을 제거할 수 있는 전인격적인 인성 교육을 통해 수용성을 기르는 교육이 필요하다.

국어사전에 '수용'은 '어떠한 것을 받아들임'이라 정의되어 있다. 따라서 '수용성'은 '어떠한 것을 받아들이는 성질'이라 정의할 수 있다. 교육의 성과는 수용성과 직접적으로 연관이 있다.

우리가 아무리 좋은 씨앗을 밭에 뿌려도 장애물이 있으면 열매를 맺지 못한다. 따라서 어떤 농부도 밭을 갈지 않고는 씨를 뿌리지 않는다. 하지만 안타깝게도 오늘날 교육의 현장은 밭을 갈지 않고 씨만 뿌리는 장소가 되어 버렸다. 종종 교육 현장에서 교사의 가르침을 받아들이지 못하는 학생들을 보게 된다. 모든 교육은 학생의 마음속에 받아들일 자세가 있느냐, 없느냐에 달려 있기 때문에 수용성을 높이는 데서 시작해야 한다. 우리는 가장 먼저 학생이 받아들이고자 하는 마음이 들게 만들어 놓고 나서 지식을 가르치는 '수용성 교육'을 실시해야만 한다.

chapter 2

5차원 요소를 골고루 키우는 달란트 교육

마가복음 12장 33절은 인간 교육의 5가지 영역, 즉 지력, 심력, 체력, 자기관리력, 인간관계력이 골고루 개발될 때 하나님으로부터 받은 달란트와 은사와 적성과 사명이 최대로 활용 가능하고, 그래야 단면적이 아니라 전면적인 실력을 쌓게 되며, 그때 이웃을 섬길 수 있게 되고, 비로소 인생에서 진정한 행복을 구가하게 된다는 사실을 확인시켜 주는 말씀이다. 구약에서도 이와 같은 내용을 확인해 볼 수 있다.

너는 마음을 다하고 뜻을 다하고 힘을 다하여 네 하나님 여호와를 사랑하라 오늘 내가 네게 명하는 이 말씀을 너는 마음에 새기고 네 자녀에게 부지런히 가르치며 집에 앉았을 때에든지 길을 갈 때에든지 누워 있을 때에든지 일어날 때에든지 이 말씀을 강론할 것이며 너는 또 그것을 네 손목에 매어 기호를 삼으며 네 미간에 붙여 표로 삼고 또 네 집 문설주와 바깥문에 기록할지니라(신 6:5-9).

첫째, '마음을 다하고', '마음에 새기고'라는 말은 심력을 의미한다. 둘째, '가르치며', '강론할 것이며'는 지력을 말한다. 셋째, '힘을 다하여'는 체력을 뜻한다. 넷째, '집에 앉았을 때에든지 길을 갈 때에든지 누워 있을 때에든지'라는 말은 집에서, 길에서 시간을 내서 사람을 만나고, 시간을 만들어서 일하며, 시간을 가지고 돈을 관리하는 등 자기관리의 행동반경을 지칭한다. 곧 자기관리력이다. 다섯째, '뜻을 다하고'라는 말은 성품을 다해 이웃을 섬기고 사랑함으로써 하나님을 사랑한다는 뜻으로, 인간관계력을 말한다.

성경은 이러한 기초의 중요성에 대해서 다음과 같이 말한다.

여호와께서 집을 세우지 아니하시면 세우는 자의 수고가 헛되며 여호와께서 성을 지키지 아니하시면 파수꾼의 깨어 있음이 헛되도다 (시 127:1).

'여호와께서 집을 세우지 아니하시면'이라는 말은 먼저 기초를 반듯하게 다져야 한다는 뜻이다. 인간에게 가장 기본적인 5가지 영역, 즉 지력, 심력, 체력, 자기관리력, 인간관계력을 먼저 훈련시켜야 한다는 의미다.

성적 위주의 피폐화된 교육 방법론을 극복하고, 진정으로 각 개인이 하나님으로부터 받은 달란트와 은사와 적성과 사명을 최대한 발휘해 진정으로 행복하고 열매를 맺는 인생을 살기 위해서는 단면적인 교육이 아니라 예수님이 보여 주신 지력, 심력, 체력, 자기관리력, 인간관계력 등 전면적인 성경적 달란트 교육을 실행해야 한다. 이를 통해 진리를 내면에 받아들이도록 수용성을 키울 수 있으며, 말씀이 열매를 맺게 된다. 우리는 성경에 근거한 이러한 전면적인 교육론을 '달란트 교육' 혹은 '5차원 전면교육'이라고 부른다.

성경적 달란트 교육이란 무엇인가? 간단히 말하면, (1) 하나님이 우리 각자에게 맡기신 달란트와 은사, 적성과 사명이 무엇인지 발견하고 (2) 그 것에 근거해서 인생의 목표를 확실히 정한 다음 (3) 그 목표를 달성하기 위해서 달란트와 은사, 적성과 사명을 극대화시켜 (4) 이를 남을 위해 선용함으로써 빈부나 학력의 고하 등 세상적인 조건에 관계없이 누구나 진정한 성공과 행복을 구가하게 만드는 교육을 말한다.

왜 5차원 전면교육인가?

미래학자들이 연구한 미래 인적 자원의 속성을 보면 대략 다음과 같다. 타 문화를 적극적으로 배우려는 수용적 인간, 창조적 인간, 융합적 인간, 개방적이고 혁신적 인간, 통합적 인간, 문화적 인간, 건강한 인간 등이다. 아울러 나무가 아닌 숲을 보고, 직관적이고, 예술적이고, 자기감정을 제어하고, 상상과 공상을 만들어 낼 수 있는 우뇌의 역할을 강화한 전뇌적 인간이다.

그들이 갖추어야 할 덕목으로는 열정, 도전 정신, 지혜, 영성, 소통, 정의, 공헌 등을 언급한다. 또 융합적 인간이 되기 위해서는 지혜, 창의성, 글로벌 의식, 과학자 간의 커뮤니케이션 능력이 필수 요건이라고 지적한다. 더구나 글로벌 정보 공유 시대에 있어서 개인 사생활 침해, 감시, 통제의 문제점을 제어할 수 있는 바른 인성을 갖춘 인재 확보가 절실하다. 이런 특징을 종합하면 미래의 인재는 대략 다음과 같은 5가지 속성이 요구된다.

첫째, 창조적 지성이 필요하다.

둘째, 바른 세계관을 가진 사람이 필요하다.

셋째, 전면적 인성이 필요하다.

넷째, 융합적 능력이 필요하다.

다섯째, 글로벌 의식이 필요하다.

전인격적 인성 교육을 기반으로 한 5차원 전면교육은 참과 거짓을 구별할 수 있도록 하는 지력, 지식을 내면할 수 있도록 하는 심력, 진리를 실행할 수 있도록 하는 체력, 자신이 가진 에너지를 바르게 분포시킬 수 있도록 하는 자기관리력, 자신이 가진 에너지를 이웃과 공유할 수 있도록 하는 인간관계력을 익힘으로써 인식의 틀을 바르게 정립하며, 내적 수용성을 향상시키고, 탁월성을 발휘할 수 있도록 설계되어 있다. 그리고 이를 구체화할 수 있는 실행 커리큘럼을 통해서 이 시대가 요구하는 창조적 지성, 바른 세계관, 전면적 인성, 융합적 능력, 글로벌 의식을 가진 인재를 길러낼 수 있다.

주안에서 5가지 영역을 키우라

5차원 전면교육을 실행하는 데 있어서 주의할 부분이 있다. 그동안 우리는 세상일이 따로 있고, 영적인 일이 따로 있다는 이분법적인 방법을 교육과 신앙에 적용해 왔다. 그래서 5차원 전면교육론에 있어서도 영성이 따로 있고, 5차원 요소가 따로 있다고 인식할 수 있다. 즉 지력, 심력, 체력, 자기관리력, 인간관계력이 따로 있고, 그와 대비되는 것으로써 영성 또는 영력이 따로 있다는 이분법적인 방법론으로 5차원을 이해하는 것이다.

그러나 둘은 별개가 아니다. 주 안에서 하면 지력, 심력, 체력, 자기관리력, 인간관계력은 다 영성이고 영력이라는 것이 성경적 달란트 교육론의 핵심이다. 성경도 세상일이 따로 있고, 영적인 일이 따로 있다고 말하지 않는다.

> 종들아 모든 일에 육신의 상전들에게 순종하되 사람을 기쁘게 하는 자와 같이 눈가림만 하지 말고 오직 주를 두려워하여 성실한 마음으로 하라 무슨 일을 하든지 마음을 다하여 주께 하듯 하고 사람에게 하듯 하지 말라 이는 기업의 상을 주께 받을 줄 아나니 너희는 주 그리스도를 섬기느니라(골 3:22-24).

여기서 '너희'는 종살이하는 종들을 칭한다. 종들에게 "너희는 주의 일을 하는 것이다"라고 말한 것이다. 본문인 골로새서는 주후 약 65년경에 쓰였는데, 당시 종은 죽을 때까지 짐승처럼 노동만 하는, 일종의 일하는 기계였다. 그런데 어떻게 종살이가 주의 일이 될 수 있는가? 종에게는 예배에 참석하는 것은 물론, 성전 쪽으로 고개를 돌리는 것조차 금지되어 있었던 당시에, 종살이가 어떻게 주의 일이 될 수 있느냐는 것이다. 그 답이 23절에 나온다.

> 무슨 일을 하든지 마음을 다하여 주께 하듯 하고 사람에게 하듯 하지 말라.

'주께 하듯'이 답이다. 주인이 아무리 모질고 매몰차게 굴어도, 그가 시키는 일이 하나님을 정면으로 거역하는 일이 아닌 한 '주 앞에서 한다!'라는 자세를 가지고 일하면 종살이도 교회에서 예배드리고 봉사하는 것 못지않게 주의 일이 될 수 있다. 예수의 피로 거듭난 우리가 하는 일은 장사든, 공부든, 집안일이든, 자식을 키우는 일이든 모두 주의 일이 될 수 있다.

5가지 영역을 측정할 수 있는 DQ 테스트

5차원적 수용성 교육을 수행하기 위해서는 지력, 심력, 체력, 자기관리력, 인간관계력 중에서 어느 영역이 얼마나 약한지 알아야 한다. 그때 그 영역을 집중적으로 개발할 수 있다. 특히 그리스도인이 이를 측정할 수 있도록 〈부록〉에 C-DQ(Christian-Diamond collar Quotient) 테스트를 개발해서 별첨해 두었다.

누구든지 DQ 테스트를 잘 활용하면 자신의 지력, 심력, 체력, 자기관리력, 인간관계력의 상태를 파악할 수 있으며, 이에 따라 약한 요소를 보강하기 위한 약점 위주의 전략을 세울 수 있다. 예컨대 DQ 테스트 결과 심력 지수가 약하게 나온 사람은 심력을, 체력이 약한 사람은 체력을 보완해주면 자신이 하나님으로부터 부여받은 달란트와 은사와 적성과 사명을 최대로 발휘할 수 있게 된다.

chapter 3

5차원 전면교육은
구체적으로 무엇인가?

    수용성을 키움으로써 자신의 달란트를 최대한 발휘할 수 있도록 해 주는 성경적 달란트 교육이 실행되기 위해서는 구체적인 교육 커리큘럼이 필요하다. 교육에 있어서 명제만 있고 적용 커리큘럼이 없으면 뜻 없는 소리나 마찬가지이고, 허공에다 외치는 말과 같다. 성경도 자기만 이해하는 소리는 아무 소용이 없다고 교훈한다.

> 만일 나팔이 분명하지 못한 소리를 내면 누가 전투를 준비하리요 이와 같이 너희도 혀로써 알아듣기 쉬운 말을 하지 아니하면 그 말하는 것을 어찌 알리요 이는 허공에다 말하는 것이라 이같이 세상에 소리의 종류가 많으나 뜻 없는 소리는 없나니 그러므로 내가 그 소리의 뜻을 알지 못하면 내가 말하는 자에게 외국인이 되고 말하는 자도 내게 외국인이 되리니 (고전 14:8-11).

'분명하지 못한 소리'란 무엇을 해야 한다는 명제만 있고 어떻게 해야 한다는 실제 적용 가능한 커리큘럼이 없는 것을 지칭하는 말이다. 우리가 지금 다루고자 하는 성경적 달란트 교육에 있어서도 이 원리가 동일하게 적용될 수 있다.

5차원 전면교육이 실행되려면 전면적으로 접근해야 한다는 명제와 함께 그에 따른 구체적인 적용 커리큘럼이 있어야 한다. 우리는 아이들에게 "정직하라"라는 명제를 가르칠 수 있다. 그러나 그 명제를 가르치면서 잔뜩 경직된 얼굴로 아이들을 심각하게 바라보면서 "너희들! 정직하게 사는 것이 훌륭한 삶이니 오늘부터 힘들더라도 정직하게 살도록 해!" 하며 웅변만 한다고 결코 아이들이 정직해지는 것이 아니다.

교육이 얻고자 하는 것, 우리가 교육을 통해서 얻고자 하는 것은 삶의 변화다. 삶의 변화라는 열매를 얻기 위해서는 명제의 선포와 함께 그 명제를 실행할 수 있는 적용 커리큘럼이 있어야 한다. 하나님도 무턱대고 "방주를 만들라!"라고 명제만 던져 놓지 않으셨다. 노아에게 방주를 만들라는 명제를 주시면서 그와 함께 적용 커리큘럼을 주셨다.

> 너는 고페르 나무로 너를 위하여 방주를 만들되 그 안에 칸들을 막고 역청을 그 안팎에 칠하라 네가 만들 방주는 이러하니 그 길이는 삼백 규빗, 너비는 오십 규빗, 높이는 삼십 규빗이라 거기에 창을 내되 위에서부터 한 규빗에 내고 그 문은 옆으로 내고 상중하 삼 층으로 할 지니라(창 6:14-16).

하나님이 주신 적용 커리큘럼은 세세하기 그지없다. 교육에 있어서도 마찬가지다. 하나님이 부여하신 달란트와 은사와 적성과 사명을 발견해 극대화해서 이웃을 위해 선용할 때 진정으로 성공적이고 행복한 인생을 살 수 있다고 아무리 강조해도 그 자체로는 교육이 되지 못한다. 웅변조의 명제를 듣고 깊이 깨달았다 해도 적용 커리큘럼이 없으면 교육은 이루어지지 않고, 변화를 초래하지 못한다.

이를 위해 5차원 전면교육에서는 지력, 심력, 체력, 자기관리력, 인간관계력을 대상으로 한 영역에 5가지씩, 총 25가지의 적용 커리큘럼을 다음과 같이 개발했다.

5차원 전면교육의 적용 커리큘럼

지력	심력	체력	자기관리력	인간관계력
지식 운영 능력	삶의 목표 의식 확립	5차원 건강 관리법	자유 에너지 확장	인간 특질 발견
다중 언어 능력	반응력 기르기	최대 출력법	시간 관리	나와 가족
자연 세계의 이해	풍부한 정서력 기르기	노동과 쉼	재정 관리	나와 동료
역사 이해 능력	긍정적 사고방식	직업관	언어 및 태도 관리	나와 사회
창조적 지성	바른 세계관의 확립	전면적 인성의 확립	융합적 능력	글로벌 인간상

지력 : 참과 거짓을 구별할 수 있는 지식의 힘

지력은 단순히 학교 성적을 올리기 위한 것이 아니라, 지식과 정보를 효과적으로 입수해서 재배열함으로 참과 거짓을 구별할 수 있는 지적 힘을 말한다. 하나님은 인간을 지으셨을 때 탁월한 지적인 힘을 부여하셨다. 성경은 인간이 부여받은 지적 능력을 '신묘막측'(개역한글 성경)이라는 단어로 표현한다.

> 주께서 내 내장을 지으시며 나의 모태에서 나를 만드셨나이다 내가 주께 감사하옴은 나를 지으심이 심히 기묘하심이라[신묘막측하심이라, 개역한글 성경] 주께서 하시는 일이 기이함을 내 영혼이 잘 아나이다 (시.139:13-14).

'신묘막측'이란 인간의 지적 능력의 탁월성을 대변해 주는 말이다. 물론 죄 때문에 신묘막측한 지적 능력에 상당 부분 장애가 생긴 것은 사실이지만, 예수 그리스도 안에서 회복될 수 있다는 것이 성경의 지적이다.

심력 : 진리를 내면화할 수 있는 마음의 힘

심력은 예수 그리스도의 마음을 품은 우리 마음의 힘을 말한다. 우리의 마음을 예수 그리스도의 마음으로 채우는 것은 아주 중요하다. 우리 안에 그리스도의 마음을 품지 않으면 작은 어려움에도 쉽게 좌절하는 등 의지력과 자존감이 약해지기 쉽다. 쉽게 요동하는 낮은 의지력과 자존감으로는 하나님이 주신 달란트와 은사와 적성과 사명을 극대화하기가 어렵다. 성경은 도처에서 우리의 마음이 그리스도의 마음으로 채워져야 한다고 교훈한다.

> 너희 안에 이 마음을 품으라 곧 그리스도 예수의 마음이니(빌 2:5).

'이 마음을 품으라'라는 말은 우리의 마음이 그리스도의 마음으로 충만해져야 하나님이 주신 달란트와 은사와 적성과 사명이 최대로 활용될 수 있다는 뜻이다. 역으로 말하면, 우리의 마음이 그리스도의 마음으로 채워지지 않고 세상적으로 채워지면 작은 충격에도 넘어질 수밖에 없다는 것을 시사한다. 이런 이유로 성경은 마음이 무너지는 것을 경계하라고 말한다.

> 자기의 마음을 제어하지 아니하는 자는 성읍이 무너지고 성벽이 없는 것과 같으니라(잠 25:28).

'성벽이 없는 것과 같으니라'라는 말은 우리 안이 그리스도의 마음으로 채워져 있지 않으면 작은 어려움에도 삶 자체가 붕괴될 수 있다는 뜻이다. 따라서 성경은 마음의 문제를 중요하게 다룬다. 문제는 우리 안을 그리스도의 마음으로 채우려 할 때 구체적으로 그리스도의 무엇으로 채워야 하느냐는 것이다. 마태복음에는 우리가 채워야 할 그리스도의 마음이 목록화되어 있다.

> 심령이 가난한 자는 복이 있나니 천국이 그들의 것임이요 애통하는 자는 복이 있나니 그들이 위로를 받을 것임이요 온유한 자는 복이 있나니 그들이 땅을 기업으로 받을 것임이요 의에 주리고 목마른 자는 복이 있나니 그들이 배부를 것임이요 긍휼히 여기는 자는 복이 있나니 그들이 긍휼히 여김을 받을 것임이요 마음이 청결한 자는 복이 있나니 그들이 하나님을 볼 것임이요 화평하게 하는 자는 복이 있나니

그들이 하나님의 아들이라 일컬음을 받을 것임이요 의를 위하여 박해를 받은 자는 복이 있나니 천국이 그들의 것임이라 나로 말미암아 너희를 욕하고 박해하고 거짓으로 너희를 거슬러 모든 악한 말을 할 때에는 너희에게 복이 있나니 기뻐하고 즐거워하라 하늘에서 너희의 상이 큼이라 너희 전에 있던 선지자들도 이같이 박해하였느니라 (마 5:3-12).

가난한 마음, 애통하는 마음, 온유한 마음, 의에 주리고 목마른 마음 등 그리스도의 마음이 8가지로 목록화되어 있다. 즉 성경의 진리를 내면화해 우리의 마음에 채우는 것이 심력의 요체다.

체력 : 진리를 실천할 수 있는 몸의 힘

체력은 바른 삶을 실천할 수 있는 몸의 힘을 말한다. 왜냐하면 우리 몸은 하나님의 성령께서 거하시는 전이기 때문이다.

너희 몸은 너희가 하나님께로부터 받은바 너희 가운데 계신 성령의 전인 줄을 알지 못하느냐 너희는 너희 자신의 것이 아니라 (고전 6:19).

몸의 힘은 단순히 건강함만을 의미하지 않는다. 몸은 하나님이 주신 달란트와 은사와 적성과 사명이 최대로 활용되기 위해 중요한 요소다. 따라서 몸이 강건해야 한다. 강건한 체력은 체력 자체뿐만 아니라 지력, 심력, 자기관리력, 인간관계력 등에 연쇄적인 상승효과를 불러온다. 바로 이것이 몸의 힘을 길러야 하는 이유다.

더구나 몸은 가만히 놔두면 쉽게 게으름과 탐욕에 빠지게 되어 있다. 그러므로 항상 몸을 바르게 관리할 수 있는 커리큘럼을 운용해 탐욕과 게으름에 지배당하지 않도록 유의해야 한다.

자기관리력 : 에너지를 바르게 분포시킬 수 있는 힘

자기관리력이란 에너지 분포 능력을 말한다. 인생을 사는 데 필요한 에너지를 획득하는 것은 매우 중요한 일이다. 하지만 이를 어떻게 사용하는가는 더 중요하다. 세 사람이 1억 원씩의 에너지를 가지고 있다고 하자. 그런데 한 사람은 1억 원을 금고에 넣고 잠가 버려서 아무런 변화도 일으키지 못했다. 또 한 사람은 좋은 사업에 투자해 자신도 유익하고 남도 유익하게 했다. 나머지 한 사람은 돈을 함부로 사용해 자신도 망하고 남도 해쳤다.

에너지를 가지고 있는 것은 매우 중요하다. 하지만 이를 어떻게 사용하느냐에 따라 결과는 완전히 달라질 수 있다. 그러므로 에너지를 가치 있는 곳에 분포시킬 수 있는 힘을 기르는 것은 매우 중요하다.

자기관리력은 자신에게 주어진 에너지, 예컨대 시간과 돈과 언어와 태도와 직업 등을 가치 있는 곳에 사용할 수 있는 힘을 말한다. 능력이 출중하면서도 자기관리를 못해서 사람들에게서 버림받는 경우도 많다. 이 때문에 성경도 자기관리의 중요성을 강조한다.

> 내가 내 몸을 쳐 복종하게 함은 내가 남에게 전파한 후에 자신이 도리어 버림을 당할까 두려워함이로다(고전 9:27).

'자신이 도리어 버림을 당할까'라는 말은 자기관리를 반듯하게 하라는 뜻이다. 그런데 자기관리의 덕목은 절제다. 시간 관리든, 재정 관리든, 언어 관리든, 태도 관리든, 직업 관리든 공통적으로 필요한 자질이 절제다. 이런 이유로 성경은 유난히 절제의 덕목을 우리에게 강조한다.

> 이기기를 다투는 자마다 모든 일에 절제하나니 그들은 썩을 승리자의 관을 얻고자 하되 우리는 썩지 아니할 것을 얻고자 하노라(고전 9:25).

절제를 통해서 자기관리력이 극대화되면 인간 교육의 다른 요소들, 즉 지력, 심력, 체력, 인간관계력 등이 함께 상승효과를 발휘하게 되며, 하나님이 각 개인에게 주신 달란트와 적성과 사명을 남을 위해 최대로 활용하는 데 결정적인 역할을 하게 된다.

인간관계력 : 남을 섬길 수 있는 힘

인간관계력이란 공동체 의식과 남을 섬길 수 있는 힘을 말한다. 우리에게 맡겨진 일을 잘하기 위해서는 열정이 있어야 한다.

과거 일제에 항거해 목숨을 던진 애국자들의 조국과 민족을 향한 열정은 어디에서 나온 것이었을까? 무엇이 그들로 하여금 뜨거운 열정을 불러일으켰을까? 조국과 민족을 섬기고자 하는 마음이었을 것이다. 그들은 조국이라는 공동체와 민족을 섬기려는 목적으로 일어섰기 때문에 뜨거운 열정으로 뭉칠 수 있었다. 만일 그들이 자기만 잘 먹고 잘 살기 위한 동기를 가지고 뭉쳤다면 뜨거운 열정은 생기지 않았을 것이다. 아무리 열정이 있다 해도 그 열정을 가지고 자신만을 위해 살면 큰 부작용을 일으키고,

남을 해칠 수 있으며, 결국은 자신도 불행해진다. 진정으로 행복한 삶을 살기 위해서는 열정을 갖되, 공동체와 남을 섬겨야 한다. 그래서 성경도 공동체와 남을 섬기는 삶, 공동체와 남의 유익을 먼저 생각하는 삶을 신앙의 중요한 요소로 강조한다.

> 남을 사랑하는 자는 율법을 다 이루었느니라(롬 13:8하).

> 누구든지 자기의 유익을 구하지 말고 남의 유익을 구하라(고전 10:24).

'남의 유익을 구하라'라는 말은 공동체와 남을 섬기는 삶을 말한다. 우리는 종종 자녀들에게 공부에 대한 열정을 유발시키겠다는 동기에서, "너희들, 공부 잘해야 한다. 그래야 이다음에 잘 먹고 잘 산다. 우리는 신경 쓸 것 없다"라고 말한다. 하지만 실은 이것은 무서운 결과를 초래할 수 있다. 그렇게 이기심을 바탕으로 자란 아이가 부모에게 효도하거나 남과 공동체의 유익을 생각하는 사람이 되기는 어렵기 때문이다.

우리는 공부뿐만 아니라 일하는 이유, 돈 버는 이유 등 자신의 모든 존재 이유가 나 자신을 포함한 가정과 사회와 민족, 더 나아가서는 인류를 위한 것이 되어야 한다는 사실을 명심해야 한다. 이러한 이유로 성경은 죽든지 살든지 우선 공동체와 남을 섬기는 삶을 살라고 권면한다.

> 나의 간절한 기대와 소망을 따라 아무 일에든지 부끄러워하지 아니하고 지금도 전과 같이 온전히 담대하여 살든지 죽든지 내 몸에서 그리스도가 존귀하게 되게 하려 하나니 이는 내게 사는 것이 그리스도

니 죽는 것도 유익함이라(빌 1:20-21).

너희 중에 누구든지 으뜸이 되고자 하는 자는 모든 사람의 종이 되어야 하리라(막 10:44).

'모든 사람의 종이 되어야 하리라'라는 말은 공동체와 남을 먼저 생각하라는 뜻이다. 최근 의학자들의 이론에 의하면, 뇌 내에는 모르핀보다 5배나 강한 '뇌 내 모르핀'을 생산하는 기능을 가진 공장이 있다고 한다. 그런데 흥미로운 것은 뇌 내 모르핀은 남을 위하고, 공동체를 먼저 생각하고, 이웃의 유익을 먼저 생각할 때 분비된다는 것이다. 마약 등 쾌감을 주는 모르핀 성분은 금방 격감되어 오히려 허탈감과 불쾌감을 주지만, 남을 먼저 생각하고 그 일을 위해 헌신했을 때 분비되는 뇌 내 호르몬의 경우에는 즐거움이 아주 오랫동안 지속되어 우리를 고양시킨다고 한다.

그러므로 공동체와 남을 섬기는 사람은 즐거움으로 가득한 진정한 기쁨과 삶의 효율을 아는 사람이며, 이를 통해 성숙하고 견실해진다. 공동체와 남을 섬기는 것은 인간관계력의 결정체다.

5차원 전면교육이 실행되려면

전면적으로 접근해야 한다는 명제와 함께

그에 따른 구체적인 적용 커리큘럼이 있어야 한다.

chapter 4

5차원적 삶
실천하기

　교육은 삶으로 살아갈 수 있을 때만 가치를 가진다. 아무리 교육을 통해 많은 것을 알게 되었다고 하더라도 삶의 변화가 없다면 허무한 것이 되고 만다. 그러므로 본질을 보고 구체화함으로써 참과 거짓을 구별하게 해 주는 지력, 지식을 내면화해 보이지 않는 세계를 보는 힘을 주는 심력, 참을 실행시킬 수 있는 체력, 에너지를 가치 있는 곳에 분포시킬 수 있도록 하는 자기관리력, 남을 섬기고 봉사할 수 있는 공동체 의식을 주는 인간관계력을 키우는 삶을 살아가야 한다. 이것이야말로 하나님이 원하시는 삶이다. 왜냐하면 5가지 인간의 인성이 하나님의 속성에 맞추어 회복되어 갈 때 열매 맺는 삶을 살아갈 수 있기 때문이다.

　따라서 우리는 지력, 심력, 체력, 자기관리력, 인간관계력을 회복하는 5차원적 삶을 살아가려고 분투해야 한다.

지력 : 성경 읽기

성경 읽기는 그리스도인이 자신의 삶이 스스로의 생각이나 결단이 아니라 오직 말씀에 이끌려야 한다는 것을 이해하고, 그렇게 살아가기 위해 필수적이다.

우리는 현실적으로 하루에 단 10분 정도 성경을 읽는 것도 힘들어한다. 하지만 삶을 살펴보면 하루에 핸드폰을 들여다보는 시간만도 1시간이 넘는 것을 알 수 있다. 그러므로 허비하고 있는 시간 중에 일부를 잘 활용해 성경을 읽는 것은 좋은 방법이다. 성경 읽기의 목표 중에 하나는 사랑 안에서 하나님의 진리를 말할 수 있는 힘을 갖도록 하는 것이다.

심력 : 기도하기

기도하기는 삶의 주인이 나인지, 아니면 하나님이신지를 구별하게 해준다. 아침에 일어나서, 혹은 자기 전에 10분이라도 규칙적으로 예수님을 통해 하나님과 대화하는 기도 시간은 우리의 삶을 승리로 이끈다.

체력 : 운동하기

운동하기는 건강을 위해서도 필요하지만, 몸을 관리함으로써 우리에게 있는 게으름과 탐욕을 인식해 가는 데 큰 도움이 된다. 새로운 계획을 세우는 것도 좋지만 하루에 10분이라도 규칙적으로 맨손체조를 하는 데서 시작하라. 성경은 우리의 몸을 산 제물로 드리는 것이 영적 예배라고 말한다.

자기관리력 : 일기 쓰기(십일조)

일기 쓰기는 하루의 삶을 돌아보고 내일을 계획하는 데 필요하다. 하지만 그저 하루의 일과를 적어 놓는 기록장이 되어서는 안 된다. 일기에는 내가 오늘 한 일 중에서 잘못한 것을 확인하고, 성령님의 도우심으로 다시 일어설 수 있음에 감사한 내용을 기술하는 것이 중요하다. 그러면 일기 쓰기를 통해 내가 죄인임을 더욱 인식할 수 있고, 오직 예수님께 의지할 수밖에 없다는 것을 깨닫게 된다. 더구나 이 세상에서 나그네로 살아가지만 하나님 나라의 대사로서 이 땅에서 충성을 다해 살아갈 존재성을 인식하게 된다.

또한 자기관리에 있어서 십일조는 매우 중요한 역할을 한다. 십일조는 모든 것이 하나님의 것이며, 나는 단지 물질을 관리하는 자라는 고백이기도 하다.

인간관계력 : 편지 쓰기(은밀한 봉사)

편지 쓰기는 사람과 사람 사이에 소통하기 위한 가장 큰 도구다. 말로 하려다 보면 표현에 따라 오해받을 수 있는 부분이 있지만, 글을 쓰는 경우 이런 위험성을 많이 제거할 수 있다. 항상 만나기에 쓸 말이 없을 것 같지만, 조금만 노력하면 함께 나눌 이야기가 생겨난다. 이처럼 작은 일을 통해서도 사랑을 나눌 수 있다. 특별히 글쓰기를 통해 오직 예수님의 십자가만을 자랑하는 기회를 가질 수 있다.

그리고 인간관계에서 절대적으로 필요한 것이 이웃에 대한 봉사다. 이때 진정한 봉사의 행위는 하나님으로 인해 일어나는 것이기 때문에 은밀한 봉사가 절대적으로 필요하다.

5차원적 삶

하나님이 원하시는 교육 (막 12:33)		하나님이 원하시는 삶	
지력	지혜를 다하고	성경 읽기	사랑 안에서 하나님의 진리를 말하기
심력	마음을 다하고	기도하기	기도로 오직 예수님만 의지하기
체력	힘을 다하고	운동하기	성령 안에서 몸을 산 제물로 드리기 (탐욕과 게으름 인식하기)
자기관리력	자기를 사랑	일기 쓰기 (십일조)	내가 죄인임을 인식하기, 내가 하나님 나라의 대사임을 인식하기
인간관계력	이웃을 사랑	편지 쓰기 (은밀한 봉사)	오직 예수님의 십자가만 자랑하기

변화는 서서히 일어난다

모든 성장은 시간을 필요로 하고, 대체로 서서히 일어난다. 마찬가지로 인격의 성장도 매일매일 조금씩 일어난다. 그런데 이런 원리를 무시하고 한꺼번에 급격한 성장을 목표로 하는 방법만 사용한다면 모양은 가졌지만 실제로 기능하지는 못하는 기형의 모습을 하게 된다.

성숙한 인간이 되기 위해서는 자신에게 주어진 하루의 삶에 일생의 삶을 위한 모형이 들어 있어야만 하고, 매일매일 삶을 통해 그 모형이 성숙될 수 있도록 생활화하는 것이 필요하다. 교육이 삶으로 바뀌기 위해서는 마땅히 해야 할 일을 매일, 조금씩, 천천히(매조천) 실행해 나가야 한다. 다음에 수록한 표는 '5 Life Table'로, 매일매일 5차원적 삶을 실천하는 데 사용할 수 있다.

지혜로운 사람은 미래를 준비하는 데 오늘을 사용하지 않고, 미래를 위해 오늘의 삶에 충성을 다한다. 오늘은 인생에서 가장 중요한 날이며, 오늘을 어떻게 사느냐가 인생을 결정한다. 내 삶에 있어서 가장 중요한 시간은 오늘이며, 가장 중요한 사람은 오늘 내가 만나고 있는 사람이고, 가장 중요한 일은 오늘 내가 하고 있는 일이다.

오늘까지는 못해도 내일부터 잘하면 된다는 잘못된 생각은 전환되어야 한다. 내일 비록 희망이 없어 보여도 오늘 나에게 남겨진 시간을 통해 인생을 승리로 이끌 수 있다는 사실을 인식해야 한다. 그러므로 오늘 하루의 삶을 바르게 디자인해서 성공적인 하루가 되도록 하는 것이 중요하다. 큰 꿈을 가지고 작은 일에 충성함으로 꿈을 이룰 수 있는 것이다.

5 Life Table

항목	역량	활동
성경 읽기	사랑 안에서 하나님의 진리를 말하기	
기도 하기	기도로 오직 예수님만 의지하기	
운동 하기	성령 안에서 몸을 산 제물로 드리기 (탐욕과 게으름 인식하기)	
일기 쓰기 (십일조)	내가 죄인임을 인식하기, 내가 하나님 나라의 대사임을 인식하기	
편지 쓰기 (은밀한 봉사)	오직 예수님의 십자가만 자랑하기	

Five Dimentional Talent Education

PART 03

깊이 있는 공부를 위한
학문의 9단계

그리스도의 은혜로 너희를 부르신 이를 이같이 속히 떠나 다른 복음을 따르는 것을 내가 이상하게 여기노라 다른 복음은 없나니 다만 어떤 사람들이 너희를 교란하여 그리스도의 복음을 변하게 하려 함이라 그러나 우리나 혹은 하늘로부터 온 천사라도 우리가 너희에게 전한 복음 외에 다른 복음을 전하면 저주를 받을지어다 우리가 전에 말하였거니와 내가 지금 다시 말하노니 만일 누구든지 너희가 받은 것 외에 다른 복음을 전하면 저주를 받을지어다(갈 1:6-9).

인식의 틀을
바로잡아라

일반적으로 학습이란 외부에서 들어오는 정보를 처리해 자신의 지식 체계에 연결해 기억하는 것이라 말할 수 있다. 이때 외부 입력된 정보는 일반적으로 언어의 형태로 되어 있다. 기호로 되어 있는 언어(Syntactic language)를 외부에서 받아들이면 학습자는 이것을 자신의 방식으로 재해석한다. 재해석한 내용은 의미 언어(Semantic language)로 재구성된다. 이와 같이 자신의 방식으로 재구성된 의미 언어가 비로소 대뇌에 기억되는 것이다.

학습자가 외부에서 들어온 기호 언어를 재해석하는 과정은 그가 사물을 인식하는 방식에 의해 크게 영향을 받는다. 이것을 '인식의 틀'이라 말한다. 동일한 내용을 받아들였어도 사람에 따라서 다르게 이해하고 기억하는 이유는 바로 각자가 가지고 있는 인식의 틀이 다르기 때문이다.

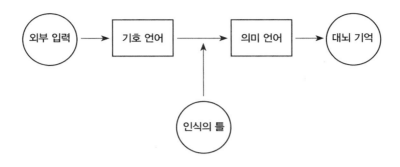

외부 입력과 인식의 틀에 의한 재해석

옳고 그름의 기준을 세워라

앞서 언급했듯이 수용성의 회복은 인성을 회복하기 위한 인성 교육과 직접적인 연관을 가지고 있다. 그런데 인성 교육이란 각 개인의 마음속에 옳고 그름을 구분하는 기준을 세워 주는 과정이라 할 수 있다.

우리의 도덕 체계에는 두 가지 기준이 있다. 첫째는 선(善, Good)과 악(惡, Bad)을 구분하는 자연법적인 가치관이다. 예컨대 "도둑질과 살인을 하면 안 된다"라는 가치관은 전 세계 어디를 가든 공통적이다. 둘째는 정(正, Right)과 사(邪, Wrong)를 구분하는 가치관이다. 정과 사는 인간이 인위적으로 만든 규범이라 할 수 있다. 예를 들어 한국에서는 어른 앞에서 다리를 뻗고 앉지 말라고 배운다. 이것은 자연법적인 가치관이라 하기 어렵고, 한국 사회에서만 공유되는 가치관이다.

인성 교육은 다음 그림에서 보듯이 2차원 평면 위에 선과 악, 정과 사 등 두 개의 가치 좌표를 위치시키는 과정이라 할 수 있다. 그런데 한꺼번에 좌표가 잘 그려지는 것이 아니다. 수많은 사례를 반복적으로 보면서 "이 경우에는 이것이 옳고, 저것이 그릇되었다"라는 등의 가치관을 배운다.

이 가치관을 익히는 과정이 바로 마음속에 좌표를 그려 넣는 과정이다. 그림에서 ○사례와 ×사례를 보면서 두 개 축의 위치를 확정 짓는 것이다. ○사례는 좌표의 1상한(선-정)에, ×사례는 그 외의 위치에 오게 조정한다.

인성 교육이 잘 이루어진 사람은 다른 사람들이 생각하는 가치 기준과 동일하다. 반면에 인성 교육이 잘못된 경우는 좌표가 ○, ×사례와 정확히 일치하지 않는다. 다음 그림은 약간 어긋난 경우를 보여 준다.

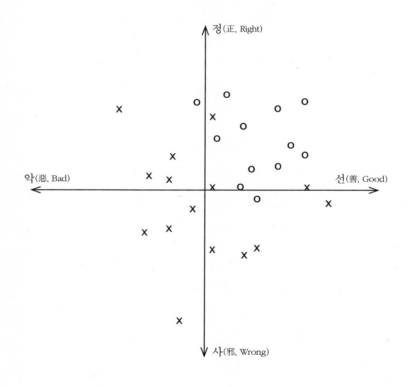

가치 좌표

내 인식의 틀을 점검하라

인성 교육이란 마음속에 가치 좌표를 올바르게 위치시키는 일이다. 그래서 새로운 사례가 나타나면, 그것의 옳고 그름을 가치 좌표에 비추어 판단해 낸다. 이때 가치 좌표를 위치시키는 일은 많은 사례를 보면서 그에 맞게 좌표를 조정하는 것이다.

인성 교육 과정에서도 기호 언어로 들어온 외부 입력을 재해석하고, 재해석된 의미 언어를 기억한다. 여기에서도 물론 개인의 인식의 틀의 차이에 의해서 약간씩 다른 결과를 가져올 수 있다. 즉 동일한 인성 교육을 받았어도 다른 가치 좌표를 설정하게 될 가능성이 있다.

그래서 바른 인성 교육을 위해서는 인성 교육 이전에 인식의 틀을 바꾸는 일을 해야 한다. 인식의 틀이 정상화되면 부모님이나 선생님의 말을 정상적으로 받아들여 가치 좌표를 조정하는 일이 가능해진다. 인식의 틀은 개인에 따라서 각자 다른 특성을 가지고 있다. 하지만 그 특성과 차이점이 얼마나 다른지를 객관적으로 알 수 있는 방법은 없다. 학습자의 두뇌에서 이루어지는 정신 작용이기 때문이다. 다만 차이를 알게 되는 경우는 동일한 외부 입력을 받은 사람들이 서로 다른 내용을 기억하고 있을 때인데, 인식의 틀이 다른 데서 그 원인을 찾을 수 있다.

개인의 두뇌 속에 입력된 지식을 각자의 인식의 틀을 통해서 재해석하는 과정을 엿보는 방법으로서 '사선'을 치며 문장을 읽는 방법이 있다. 우리는 문장을 읽을 때 긴 문장을 통째로 받아들이지 않고, 몇 개의 단어씩 모아서 구문별로 나누어 받아들인다. 이것이 인식의 틀이 작용하는 과정이다. 따라서 사선을 치며 읽게 하면 인식의 틀이 어떻게 작동하는지 일부를 볼 수 있다. 이것이 바로 인식의 틀을 시각화하는 '사선 읽기'다.

예컨대 "아버지가 방에 들어가신다."라는 문장이 있다. 이것을 두 가지 방식으로 재해석해 받아들이는 경우가 있다.

(1안) 아버지가 방에 들어가신다.
(2안) 아버지 가방에 들어가신다.

이 두 가지 재해석의 예는 우스꽝스러울 정도로 너무나 인위적인 사례라 할지 몰라도 실제 교육 현장에서는 종종 발생한다. 여기서 학습자가 1안과 2안 중에서 어느 방식으로 재해석해 인식했는지는 알기 어렵다. 그런데 사선 읽기를 시켜 보면 그 차이가 드러난다.

(1안) 아버지가/ 방에/ 들어가신다.
(2안) 아버지/ 가방에/ 들어가신다.

이것이 바로 인식의 틀을 시각화하는 방법이다.

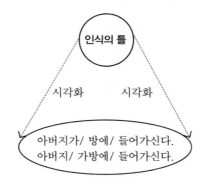

인식의 틀의 시각화

일반적으로는 각 개인의 인식의 틀을 볼 수 없기 때문에 학습자가 올바르게 외부 입력을 받아들여 바른 가치 좌표를 설정하고 있는지 알 수 없다. 그러나 사선 읽기를 하면 내면에 있는 인식의 틀을 엿볼 수 있다. 인성 교육 과정에서도 사선 읽기 등 시각화 과정을 통해 분석해 보면 인식의 틀이 외부 입력을 올바르게 재해석했는지 아닌지를 알 수 있다. 그래서 필요시 교정이 가능해진다.

실제로 현장 실험에서 보면, 상당히 많은 학생이 부모님과 선생님이 하는 말을 있는 그대로 받아들이지 않고 왜곡하곤 한다. 이러한 현상은 부모님이나 선생님을 싫어하는 학생들에게서 더욱 두드러지게 나타나는 경향이 있다. 이때 그들을 더욱 압박해 가르치려 하면 심하게 어긋나고 악화될 수 있다. 이 경우 인성 교육 프로그램을 적용하기 이전에 인식의 틀을 교정해 주어야 한다. 사선 읽기를 통해 인식의 틀에서 잘못된 부분을 찾아 바로잡아 주어야 한다. 한두 번으로는 교정이 되지 않지만 반복적으로 훈련하면 변화된다. 이것이 바로 인식의 틀을 정상적으로 교정해 주는 과정이다.

이와 같이 인식의 틀이 제자리를 잡으면 그다음에는 가치 좌표를 설정하는 일이 쉽게 이루어지고, 진리를 진리로 볼 수 있게 된다. 따라서 바른 인성 교육이 가능해진다. 즉 한 인간의 인식의 틀을 회복시킴으로써 지력을 향상한 것이 전인격적 인성 교육을 통한 수용성 교육의 기반이 될 수 있는 것이다.

chapter 2

엄청난 정보,
어떻게 처리할 것인가?

인식의 틀을 회복시킴으로 진리를 진리로 볼 수 있도록 바꾸어 주는 커리큘럼으로 '학문의 9단계'를 활용한다. 학문의 9단계를 알기 위해서는 지식과 정보의 흐름을 읽을 줄 알아야 한다. 오늘날 정보(지식)의 중요성은 끊임없이 고조되고 있다. 정보는 이제 물품이나 에너지, 서비스 이상으로 유력한 자본이 되었다. 그리하여 정보가 산업, 경제, 교육, 문화 등 사회 각 분야에 미치는 영향력은 실로 엄청나다. '정보 전쟁'이라는 말이 나올 정도다.

문제는 정보가 고정태로 있지 않고 매일 급변한다는 점이다. 정보의 양이 매일 기하급수적으로 늘고 있다는 사실이 이를 반증한다. 그렇다 보니 넘쳐 나는 정보 중에서 참된 것과 거짓된 것, 자신에게 중요한 것과 덜 중요한 것, 필요한 것과 필요 없는 것을 구별하는 일이 점점 더 어려워지고 있다.

그런데 자신에게 필요한 정보를 구별하는 사람이 있는가 하면, 그렇지 못한 사람도 있다. 그렇다 보니 정보를 잘 가려내는 사람은 분별력을 통해 지력이 점점 최대화되지만, 그렇지 못한 사람은 넘치는 정보가 오히려 짐 스러워지고 있다. 그래서 정보에 있어서 빈익빈 부익부 현상이 날로 심각 해지고 있다. 학문의 9단계는 쏟아지는 정보를 효과적으로 다룸으로 참과 거짓을 구별할 수 있는 지적인 힘을 훈련하는 도구라고 할 수 있다.

정보 처리 과정을 크게 보면 다음 표와 같이 3과정으로 나눌 수 있다.

정보 처리의 3과정

과정	단계	학습법
정보 입수	1단계 정보의 양 늘이기	속해 독서법
	2단계 정보의 질 높이기 (평면적 정보의 질 높이기)	글 분석법
	3단계 사실과 감정 구분하기 (입체적 정보의 질 높이기)	글 감상법
정보 고도화	4단계 정보 조직화하기	고공 학습법과 상관관계 학습법
	5단계 정보 심화하기	개념 심화 학습법
	6단계 정보 의식화하기	질문 학습법
정보 표출	7-1단계 평면적 글쓰기 7-2단계 입체적 글쓰기 7-3단계 실생활 글쓰기	정확하게 쓰기 보물 숨기기 자유자재로 응용하기
	8단계 그림 등으로 표현하기	도식화법
	9단계 함수로 표현하기	함수화법

정보의 입수 과정

정보 처리의 첫 번째 과정은 외부에 있는 정보가 개개인에게 인식되고 입수되는 과정이다. 정보의 입수 과정은 크게 두 가지 형태를 띠게 된다. 첫째, 눈으로 입수할 수 있는 형태다. 책, 잡지, 컴퓨터 파일, 시각 자료, 논문 등의 글이나 그림 등으로 얻을 수 있는 정보다. 둘째, 강연, TV, 수업 등 소리를 통해 귀에 들리는 형태다.

1단계 : 정보의 양 늘리기 [속해 독서법]

지적 능력을 극대화하기 위해서는 정보의 양을 늘리는 것이 중요하다. 받아들이는 정보의 양에 따라 사고의 폭도 비례해서 깊어지기 때문이다. 지력 습득에 깊은 사고의 폭이 중요한 변수가 되는 이유는, 사고의 폭이 좁으면 이후에 아무리 사고의 깊이를 더하려고 해도 한계가 있기 때문이다. 그리고 사고의 폭이 좁으면, 그 사고에 담을 수 있는 정보의 양도 비례해서 한정되기 때문이다. 따라서 가능한 한 정보의 입수 양을 늘림으로써 사고의 폭을 넓혀 놓는 것이 좋다. 그래야 담을 수 있는 정보의 양도 극대화되어 지력을 늘릴 수 있기 때문이다.

인지 교육학 이론에 따르면, 인간은 분당 1,000-1,500자에 담긴 정보를 처리할 수 있는 능력을 가지고 있다. 그러나 통계에 따르면 현실적으로 보통 사람들의 정보 처리 능력은 그에 훨씬 못 미쳐, 분당 600자 내외의 정보를 처리하는 데 그치고 있다. 심지어 분당 200-300자에 머무는 사람도 상당히 많은 것으로 집계되어 있다. 결국 지력을 높이려면 분당 1,000-1,500자 정도의 정보 처리 능력을 회복하는 것이 무엇보다 시급하다.

그런데 정보 입수는 읽는 속도와 관련이 있다. 인지 학습 이론들의 한결같은 결론은, 읽는 속도가 빠르면 정보의 이해력도 빠르다는 것으로 요약된다. 그런데 우리는 반대로 생각한다. 되도록이면 느리게, 천천히 잘 읽어야 이해가 더 잘된다고 생각한다. 그러나 사실은 그렇지 않다. 읽는 속도가 느리다고 해서 정보를 잘 이해하는 것은 아니다. 왜냐하면 글을 읽을 때 이해력의 열쇠가 되는 것은 글자 단위에 있는 것이 아니라 의미 단위(센스 그룹, sense group)에 있기 때문이다.

따라서 이해력을 높이기 위해서는 의미 단위를 위주로 끊어 가면서 빠른 속도로 독서를 해야 한다. 이러한 속해 독서법을 훈련하면 정보 처리 능력이 2-3배로 확장되는 것은 그다지 힘든 일이 아니다. 턱없이 높은 수준이 아니라 분당 1,000-1,500자에 이르는 정상적인 수준을 회복하는 것이기 때문이다. 누구라도 7-8주 정도 속해 독서법을 꾸준히 훈련하면, 현재 600자 내외를 처리하던 능력에서 2배 이상인 1,000-1,500자를 처리하는 능력을 손쉽게 키울 수 있을 것이다.

2단계 : 정보의 질 높이기 [글 분석법]

정보의 양을 늘리는 것에 이어 반드시 해야 할 일은 정보를 질적으로 잘 받아들일 수 있는 훈련을 하는 것이다. 정보를 질적으로 잘 받아들인다는 것은 정보를 정확하게 받아들인다는 의미다. 정보를 정확하게 받아들이기 위해서는 먼저 정보를 이루고 있는 말과 글의 비밀을 알아야 한다.

첫 번째 비밀은 어떠한 글을 읽을 때 그 글에 나오는 모든 단어와 문장이 중요한 것은 아니라는 점이다. 즉 글에 나오는 단어와 문장은 중요한 것과 덜 중요한 것으로 나눌 수 있다. 그런데 이때 주의해야 할 것은 독자인 자신의 입장이 아니라 글쓴이의 입장에서 중요한 것을 찾아야 한다는 것이다.

두 번째 비밀은 중요한 것과 덜 중요한 것 사이에 상관관계가 형성되어 있다는 것이다. 따라서 반드시 중요한 것과 덜 중요한 것 사이의 관계를 살펴 가면서 글을 읽어야 한다. 그러기 위해서 글을 읽을 때 문단, 문단의 요지, 형식, 주제, 제목을 찾아보는 훈련을 꾸준히 해 나가야 한다.

3단계 : 사실과 감정 구분하기 [글 감상법]

논설문과 설명문 중심의 글을 분석하는 훈련을 하면 정보를 정확히 이해하는 면에서 어느 정도 자신감을 얻게 된다. 그러나 정보의 형태가 다양화되어 있는 오늘날에는 글 분석만으로는 핵심을 잡을 수 없는 형태들이 다소 있다. 시나 소설과 같이 감정을 중심으로 함축적으로 쓰인 문학 작품이 그 대표적인 예다. 문학 작품은 본질적으로 감정 이입을 통한 대리 경험 형태를 취하고 있는 글이다. 바로 이 때문에 문학 작품은 읽는 사람의 경험의 영역을 확장시키고 정서를 풍부하게 만드는 강점이 있다.

문제는 통상 이들 문학 작품이 고도의 상징적인 형식을 사용하고 있다는 점이다. 따라서 문학 작품으로 된 정보를 받아들이기 위해서는 2단계 글 분석법과는 다른 접근 방법이 필요하다. 그것은 바로 문학 작품 속에 숨어 있는 주제를 찾아서, 글쓴이의 정서와 감정을 감상하는 방법이다. 이를 '보물 찾기'라고 명명하겠다.

문학 작품 속에 숨겨져 있는 보물을 찾기 위해서는 먼저 아무런 편견과 선입견 없이 해당되는 글을 두어 번 정도 읽는 것이 좋다. 그러면서 여러 번 반복되는 중요한 단어를 중심으로 글쓴이의 의도를 추측해 보아야 한다. 그런 후 글쓴이의 정서와 감정이 어떠한 것인지를 감상하도록 한다.

정보의 고도화 과정

정보 처리의 두 번째 과정은 입수된 정보가 인간의 뇌 속에서 사고 활동을 거쳐 심화되는 과정이다. 인간의 뇌는 고도로 발달된 정보 처리 장치를 가지고 있다. 그래서 입수된 각종 정보를 상호 연관성에 따라 분류, 조합, 저장하는 능력이 필요하다. 이 능력을 극대화하는 훈련은 아주 중요하다. 그렇지 않으면 아무리 많은 정보를 입수했다고 해도 큰 의미가 없기 때문이다.

4단계 : 정보 조직화하기 [고공 학습법과 상관관계 학습법]

입수한 정보의 효율을 높이기 위해서는 정보를 질서화해야 한다. 정보를 질서화한다는 것은 여러 경로를 통해 입수된 정보를 분류하고 분석해 활용하기 쉽게 정리해 놓는 것을 의미한다. 똑같은 물건이 있는 가게라고 해도 아무렇게나 쌓여 있는 곳과 품목별로 깔끔하게 정리되어 있는 곳은 분명히 차이가 있다. 전자보다는 후자가 손님도 많고 판매량도 높을 것이다. 손님들이 물건을 찾거나 고르기 편리하도록 해 놓았기 때문이다.

정보를 질서화하기 위해서는 부분을 보기 전에 전체를 볼 줄 아는 능력이 필요하다. 퍼즐의 전체 그림을 본 사람만이 낱낱의 퍼즐 조각을 맞출 수 있는 것처럼, 많은 지식을 전체적으로 볼 수 있는 사람이 지식의 조각들을 활용할 수 있기 때문이다.

전체를 보는 방법은 비행기에서 아래를 내려다보듯 지식을 고공에서 내려다보는 고공 학습법을 통해서 가능하다. '고공표'는 책 한 권을 종이 한 장에 나타내는 것으로, 전체를 한눈에 볼 수 있도록 만든다.

그리고 부분을 보는 것은 상관관계 학습법을 통해서 가능하다. 상관관계 학습법은 고공표에서 나온 각각의 부분들이 어떤 상관관계를 맺고 있는지를 파악해 그 연결 고리를 찾는 것이다.

고공 학습법과 상관관계 학습법을 이용해 정보를 질서화하는 것은 보지 못하는 것을 보게 해 주고, 해결하지 못하는 문제를 해결하게 해 준다.

5단계 : 정보 심화하기 [개념 심화 학습법]

정보의 질서화에 이어 해야 할 일은 질서화한 정보를 나에게 가져오는 것이다. 정보는 대개 추상적이며, 나와는 거리가 먼 이야기에 불과하다. 그러므로 그 내용을 이해한 것을 바탕으로 내 생각과 느낌을 정리한다. 결국 이것은 정보에 담겨 있는 바람직하고 긍정적인 내용을 선별해 내 생각 및 느낌과 관련을 맺는 작업이다. 추상적 개념을 구체화하기 위해서는 자신이 생각하는 개념과 사전적인 개념을 깊이 묵상하는 과정이 필요하다. 이를 개념 심화 학습법이라고 한다.

6단계 : 정보 의식화하기 [질문 학습법]

고공 학습법이나 상관관계 학습법을 통해 정보를 객관화하고, 개념 심화 학습법을 통해 객관화를 주관화하는 과정까지 이르게 된다. 하지만 우리가 객관화하고 주관화한 내용이 삶에 영향을 주려면 아직도 거쳐야 하는 과정이 남아 있다. 이것만으로는 힘이 부족하다. 실제로 우리가 알고 있는 사실과 느낌이란 완벽할 수 없다. 글쓴이의 주장과 표현은 완전할 수 없으며, 읽는 사람의 생각과 느낌도 마찬가지다. 그러므로 그것을 내 삶으로 가져오기까지 걸러 내는 작업이 필요하다. 글의 내용과 느낌이나 생각이 우리 안에 바르게 내재하도록 스스로 진지하게 질문을 던져 그것에 대한 해답을 얻는다.

정보의 표출 과정

　정보 처리의 세 번째 과정은 입수되고 심화된 정보가 말이나 글의 형태로 다시 외부로 표출되는 과정이다. 아무리 정보를 잘 입수하고, 입수한 정보를 잘 고도화했다고 해도 외부로 표출되지 않는 정보는 효용성이 없다. 정보의 표출이란 정보를 받아들이는 소극적인 입장에서 정보를 제공하는 적극적인 입장으로 바뀌는 것을 의미한다. 이 과정을 통해야만 정보가 끊임없이 확대, 재생산될 수 있다. 그러므로 정보의 외부로의 표출이야말로 가장 확실한 정보의 재취득 통로가 되는 셈이다.

7-1단계 : 평면적 글쓰기 [정확하게 쓰기]

　평면적 글쓰기는 설명문이나 논설문과 같이 사실을 정확하게 설명하고 논리적으로 주장하는 글쓰기를 말한다. 평면적 글쓰기는 중심 생각이 분명하게 드러나 있는 것이므로, 중심 생각이 분명하게 드러난 글을 읽는 방법인 글 분석법을 역순으로 실행하면 된다.

　글 분석법의 역순이란 글을 정확하게 읽기 위해서 던졌던 5가지 질문인 문단, 문단의 요지, 형식, 주제, 제목의 역순, 즉 제목, 주제, 형식, 문단의 요지, 문단 순을 말한다. 이 질문에 답해 나가면서 글 한 편을 완성하게 된다.

7-2단계 : 입체적 글쓰기 [보물 숨기기]

　입체적 글쓰기란 시나 소설 등의 문학 작품처럼 주제가 함축적, 상징적으로 드러나는 글쓰기를 말한다. 입체적인 글을 쓰는 방법은 '보물 숨기기'라고 할 수 있는데, 이는 주제가 함축적, 상징적으로 드러나는 글을 읽을 때 그 상징성을 풀어 주는 '보물 찾기'와 반대되는 개념이다. 입체적 글쓰기법으로는 연상하기, 함축 · 상징하기, 확인하기가 있다.

7-3단계 : 실생활 글쓰기 [자유자재로 응용하기]

실생활 글쓰기란 우리가 실생활에서 의사소통을 원활히 하기 위한 글쓰기를 말한다. 자신과의 의사소통 매개체인 일기, 다른 사람과의 의사소통 방법인 편지, 그리고 업무에 필요한 보고서, 문제 상황을 해석하고 해결하는 논술 등이 여기에 해당한다.

정보화 사회인 오늘날 글을 잘 쓴다는 것은 바로 자기가 맡은 일을 처리할 때 정보를 효과적으로 표출하는 것을 의미한다.

8단계 : 그림 등으로 표현하기 [도식화법]

의사 전달에서 가장 유용한 방법 가운데 한 가지는 우리의 두뇌 구조에 맞는 방식으로 표현하는 것이다. 글을 넘어서 사건의 내용을 그림, 도표, 선 등으로 표시하는 것을 말한다. 이를 위해서는 고공 학습의 원리, 상관관계의 원리, 개념 심화의 원리, 함축의 원리, 분류의 원리 등을 적용해야 한다.

9단계 : 함수로 표현하기 [함수화법]

기호와 숫자로 구성된 함수를 사용해 세상의 사건들을 가장 함축적으로 표현하는 방법이다. 함수로 표현하기는 사건 내용의 깊은 핵심을 파악하고 심화했을 때만 가능한 지식 표출의 고등 언어라고 할 수 있다.

학습의 최종 목표는 앞서 자세히 언급했던 것처럼 실생활에서 자신에게 맡겨진 일을 잘 처리할 수 있는 실력을 갖추는 것이다. 지금까지 살펴본 학문의 9단계가 실력을 쌓는 중요 원리다. 그러나 여기에서 말한 단계들은 훈련을 위해 편의상 나누어 놓은 것일 뿐 완벽하게 별개로 존재하지는 않는다. 각 단계들은 서로 유기적인 관계 아래 통합적으로 묶여 있다.

chapter 3

성경을
깊이 있게 보는 법

색안경을 벗고 성경을 읽어라

지력이란 단순히 학교 성적을 올리기 위한 것이 아니라 지식과 정보를 효과적으로 입수해서 재배열함으로 참과 거짓을 구별할 수 있는 지적 힘을 말한다고 했다. 인간은 하나님께 지음 받을 때 탁월한 지적인 힘을 부여받았다. 그리고 하나님은 성경을 통해 말씀을 주셨으며, 말씀을 알고 이해하게 하심으로써 말씀에 이끌려 사는 삶을 살게 해 주셨다. 하지만 사람들은 진리의 글을 읽지만 진리를 바르게 인식하지도 못하고, 그렇게 살지도 못한다.

정보를 정확하게 이해하는 일을 방해하는 큰 원인은 정보가 변환되어 지식으로 유입될 때 개인의 처리 능력에 따라 다양한 왜곡이 일어나기 때문이다. 어떤 사람이 색안경을 끼고 있다고 해 보자. A라는 정보가 개인의 색안경을 통해 들어와서 A′ 또는 ∀로 왜곡될 수 있다. 색안경이란 우리 각

자가 이미 가지고 있는 세계관이나 배경지식 등에 따라 형성된 선입관과 편견을 의미한다. 선입관과 편견의 색안경은 우리로 하여금 정보를 사실 그대로가 아니라 왜곡시켜 받아들이게 한다. 그 이유는 앞서 언급한 대로 인식의 틀이 왜곡되어 진리를 진리로 받아들이지 못하기 때문이다. 예컨대 "아버지가 방에 들어가신다."라는 문장에 사선을 치게 하면 대개 3가지 경우가 나온다.

> (1안: 사선을 좁게 친 경우) 아버지가/ 방에/ 들어/가신다.//
>
> (2안: 사선을 넓게 친 경우) 아버지가 방에/ 들어가신다.//
>
> (3안: 잘못된 방법으로 사선을 친 경우) 아버지/가 방에/ 들어가신다.//

사선을 어떻게 쳤느냐에 따라 같은 문장을 읽고도 내용을 다르게 이해할 수 있다. 어떤 사람은 아버지가 '방'에 들어가신다고 이해하고, 어떤 사람은 아버지가 '가방'에 들어가신다고 이해하기도 한다. 사선은 사람의 인식의 틀, 즉 지성의 틀에 따라 변화된다. 따라서 글을 바르게 이해하기 위해서는 사선을 바르게 치는 훈련이 매우 중요하다. 즉 지적 능력을 향상시키기 위해서는 선입관과 편견을 교정해 정보를 정확하게 파악할 수 있는 힘, 객관적으로 글을 볼 수 있는 힘을 길러야 한다.

센스 그룹 독서법

실제로 독서를 할 때 필수적인 훈련 방법은 사선 치기다. 읽어 내려가는 본문에 사선을 치면서 의미 단위, 즉 센스 그룹으로 끊어 읽는 것이다. 예를 들어, 다음 글을 읽는다고 하자.

오순절이 되어서, 그들은 모두 한곳에 모여 있었다. 그때에 갑자기 하늘에서 세찬 바람이 부는 듯한 소리가 나더니, 그들이 앉아 있는 온 집안을 가득 채웠다(행 2:1-2, 새번역 성경).

'오·순·절·이·되·어·서,·그·들·은' 등 한 글자씩 떼어서 읽는 사람은 아무도 없을 것이다. 적어도 '오순절이/ 되어서,/ 그들은/ 모두/' 등 단어의 단위로 글자 정보를 인식할 것이다. 따라서 읽는 속도를 빨리 하기 위해서는 인식 범위를 넓혀야 한다.

그러면 이번에는 한 번에 끊어 읽는 범위를 좀 더 넓혀서 읽어 보자. 통계적으로 볼 때 사람의 두뇌는 아무리 훈련되지 않았다 할지라도 한 번 시선을 주면 2-3단어를 인식하게 되어 있는 것이 보편적이다. 그러므로 다음과 같이 읽을 수 있다.

오순절이 되어서,/ 그들은 모두/ 한곳에 모여 있었다.// 그때에/ 갑자기 하늘에서/ 세찬 바람이 부는 듯한/ 소리가 나더니,/ 그들이 앉아 있는/ 온 집안을 가득 채웠다.//

이 같은 방식으로 한 번에 눈에 들어와 이해되는 범위(센스 그룹)를 사선으로 묶어 가면서 읽으면 이해도가 증가될 뿐 아니라 속도도 빨라진다. 또한 훈련을 계속하면 한눈에 들어오는 범위가 점점 증가해 2-3단어 수준에서 나중에는 7-10단어 정도로 확장된다.

한국인들은 보통 분당 600자 정도를 읽고 이해하는 것으로 집계되어 있다. 따라서 만약 분당 600자 정도밖에 읽어 가지 못하는 현재의 독서 속도를 정상화시켜 분당 1,000-1,500자 정도를 읽어 갈 수 있게 된다면 누구든지 독서 속도를 2배 이상 향상시킬 수 있다. 독서 속도가 2배 향상된다는 것은 산술적으로 말하면, 6년 동안 해야 할 공부를 3년 만에 할 수 있다는 의미가 된다. 또한 6년 동안에 12년 분량의 독서를 해 낼 수 있다는 계산이 나온다. 물론 독서 속도와 관련된 개인차는 있을 수 있다. 그러나 나쁜 독서 습관을 고치고 약간의 훈련을 통해 정상 수준인 분당 1,000-1,500자 수준을 회복하는 것은 그리 어렵지 않다. 앞으로 이 방법을 '센스 그룹 독서법'이라고 부르겠다.

여기서 한 가지 지적하고 넘어가야 하는 사항이 있는데, 속해 독서와 이해력에 관한 오해다. 즉 빨리 읽으면 이해력이 떨어진다고 생각하는 것이다. 그러나 이것은 말 그대로 오해다. 왜냐하면 사람은 글을 읽을 때 글자 하나하나를 받아들이는 것이 아니라 글자들을 집합체 단위로, 즉 센스 그룹으로 받아들이기 때문이다.

예컨대, 'school'이라는 영어 단어의 의미 단위를 한 번에 인식할 수 있는 사람이 더 정확하게 이해하기 위해서 's·c·h·o·o·l'이라고 한 자 한 자 끊어서 생각하게 된다면 이해가 정확해지는 것이 아니라 오히려 이해력이 떨어지는 것과 같다. "태초에 하나님이 천지를 창조하시니라"(창 1:1)라는 문장을 '태·초·에·하·나·님·이·천·지·를·창·조·하·시·니·라'라는 식으로 끊어서 글자 하나하나를 받아들이는 것보다는 '태초에 하나님이/ 천지를 창조하시니라//' 등 이해되는 부분만큼 센스 그룹으로 끊어서 읽어 나가면 훨씬 더 의미를 분명하게 인식할 수 있고 빨리 읽을 수 있다. 즉 글을 한 자 한 자 끊어서 읽으면 오히려 읽는 속도가 느려지고, 또 이해력도 떨어지게 된다.

빨리 읽는다고 해서 이해가 안 되는 것은 아니다. 이해력은 현재 자신의 지적 수준과 관계있는 것이지, 읽는 속도와는 거의 무관하다는 것은 인지 능력 학계의 오래된 정설 중에 하나다. 따라서 센스 그룹 독서법은 빠르게 읽는 훈련이라기보다는 빠르게 이해하도록 하는 속해 훈련인 것이다.

그런데 사선 치기를 하면서 읽을 때 주의할 점이 있다. 처음부터 욕심을 내서 많은 단어를 묶으면 절대 안 된다는 것이다. 실제 이해되는 의미 단위는 2-3단어인데 무리하게 6-7단어씩 묶어 가면 제대로 이해하지 못한 채 넘어가는 것이기 때문에 속해 능력이 향상되지 않는다. 따라서 최소한의 범위로 시작해 조금씩 확장시켜 가는 편이 바람직하다. 그리고 조금 나아졌다고 바로 늘리지 말고, 앞서 끊어 읽던 범위가 답답하다고 느껴질 때 조금씩 늘리는 것이 효과적이다.

센스 그룹 독서표

글을 센스 그룹으로 끊은 후 '센스 그룹 독서표'에 적어서 확인함으로써 독서 능력을 고도화할 수 있다.

하나님께서는/ 창조 때로부터/ '사람을/ 남자와 여자로/ 만드셨다' //(막 10:6, 새번역 성경).

모든 사람이/ 죄를 범하였습니다.// 그래서 사람은/ 하나님의 영광에/ 못 미치는 처지에/ 놓여 있습니다//(롬 3:23, 새번역 성경).

다음 글에서 사선을 치지 않은 부분에 직접 사선을 치고 '센스 그룹 독서표'의 빈칸에 적어 보라(258쪽 해답집 참조).

하나님께서 세상을 이처럼 사랑하셔서 외아들을 주셨으니, 이는 그를 믿는 사람마다 멸망하지 않고 영생을 얻게 하려는 것이다(요 3:16, 새번역 성경).

여러분은 믿음을 통하여 은혜로 구원을 얻었습니다. 이것은 여러분에게서 난 것이 아니요, 하나님의 선물입니다. 행위에서 난 것이 아닙니다. 그러므로 아무도 자랑할 수 없습니다(엡 2:8-9, 새번역 성경).

센스 그룹 독서표

하나님께서는	
창조 때로부터	
사람을	
남자와 여자로	
만드셨다.	
모든 사람이	
죄를 범하였습니다.	
그래서 사람은	
하나님의 영광에	
못 미치는 처지에	
놓여 있습니다.	

이미지 독서법

자동차 운전을 하기 위해 연습을 하는 데는 자동차를 직접 운전하는 방법이 있고, 시뮬레이션, 즉 컴퓨터 앞에 앉아 화면을 보고 핸들을 돌려 보면서 훈련하는 방법이 있다. 이렇게 가상현실 속에서 훈련하더라도 효과는 있다. 또 자동차를 운전하는 사람 옆에 앉아서 좌회전이나 우회전을 할 때 기어를 어떻게 조작하는지, 핸들을 어느 쪽으로 돌리는지 등 머릿속으로 운전 연습을 할 수도 있다. 운동도 마찬가지다. 탁구를 직접 해 보는 것도 중요하지만, 저녁에 쉬면서 머릿속에서 탁구 게임을 상상하며 이미지를 그려 가면서 탁구공을 치는 것도 실력 향상에 도움이 된다.

이런 상상력은 가상적인 것이 아니다. 우리는 눈을 통해 사물을 보기 때문에 눈 자체를 굉장히 중요하게 생각한다. 그러나 눈은 여러 사물을 통과시키는 창구 역할을 할 뿐 실제로 보는 역할은 뇌가 한다. 모든 정보가 눈을 통해 들어오면 뇌에서 변환시켜 보게 되는 것이다. 예를 들면, 방송국에서 전파가 오면 TV에서 그 전파를 화상으로 전환시키기 때문에 볼 수 있는 것과 같다. 뇌에서 생각하고 상상하며 이미지를 그리는 모든 작용이 실제와 같은 것이다. 그래서 상상력이 중요하다. 상상으로 이미지를 그려 가면서 책을 보는 것은 실제로 책을 읽는 것보다 더 고도의 독서 훈련법이다.

사선 치기를 통해 끊은 단락을 센스 그룹이라 부른다고 했다. 센스 그룹은 이미지(그림)로 나타낼 수 있다. 이미지로 나타낼 수 없는 경우는 내용이 너무 추상적이거나 혹은 사선을 잘못 쳐서 이미지가 왜곡되었기 때문이다. 그러므로 사선을 바르게 치고 이미지를 그리는 훈련은 이해력을 증진시키는 데 매우 유용한 방법이다. 이와 같이 센스 그룹을 이미지로 나타내는 방법을 '이미지 독서법'이라고 부른다.

자그만 갯바위 섬 하얀 백사장 나는 눈물에 젖어 게와 벗하였도다.

이 문장은 이시카와 다쿠보쿠의 〈나를 사랑하는 노래〉의 한 구절이다. 사선을 다음과 같이 쳤다.

자그만 갯바위 섬/ 하얀 백사장/ 나는 눈물에 젖어/ 게와 벗하였도 다//

이에 따라 머릿속에 나타나는 이미지는 다음과 같다.

다음 글을 센스 그룹으로 사선을 친 후 이미지로 표시해 보라.

로마 군에 의해서/ 예루살렘의 모든 집이/ 불태워지고 파괴되었지 만,/ 벤 자타이와 랍비 열 사람은/ 그들이 살고 있는 집 한 칸을 보존 해 달라고/ 간청했다.//

성경 저자의 의도를 알아야 한다

우리는 성경을 읽으면서 중요하다고 생각하는 구절에 밑줄을 치기도 한다. 그런데 때로 축복에 관심이 많은 사람은 복에 관한 구절에 밑줄을 치다 보니 고난을 통해서 주어지는 진정한 복을 놓치기도 한다. 그 이유는 성경의 저자이신 하나님이 중요하게 생각하시는 것보다 내가 중요하다고 생각하는 구절에 밑줄을 쳤기 때문이다.

사람들은 성경을 볼 때 자기의 느낌과 경험과 삶에서 은혜로운 구절들에만 의미를 두고 받아들이는 경향이 있다. 그렇게 되면 성경의 저자이신 하나님이 말씀하시는 정확한 내용을 간과하거나 잘못 받아들이는 경우가 생길 수 있다. 그래서 우리가 성경공부를 할 때는 내 생각이 아니라 하나님이 말씀하시는 내용을 알 수 있도록 훈련하는 것이 필수다. 개인적인 경험이나 감정, 삶의 국면들에 적용되는 말씀 이전에 성경을 통해 하나님이 말씀하시고자 하는 정확한 내용을 찾아낼 수 있어야 한다.

성경의 실제적인 저자이신 하나님의 저작 의도를 바로 알기 위해서는 하나님이 인격체이시라는 사실을 간과해서는 안 된다. 하나님이 인격체 이시라는 것은 하나님이 지정의를 갖추신 분이라는 말이다. 하나님의 말씀인 성경에는 인격체이신 하나님의 지정의적인 표현이 산재해 있다.

> 만일 네 오른 눈이 너로 실족하게 하거든 빼어 내버리라 네 백체 중 하나가 없어지고 온몸이 지옥에 던져지지 않는 것이 유익하며 또한 만일 네 오른손이 너로 실족하게 하거든 찍어 내버리라 네 백체 중 하나가 없어지고 온몸이 지옥에 던져지지 않는 것이 유익하니라 (마 5:29-30).

'오른 눈이 너로 실족하게 하거든 빼어 내버리라'라는 말은 오른 눈을 실제로 빼라는 지시의 말이 아니다. 하나님이 죄를 짓는 신자에 대해 안타까운 감정을 표현하신 것이다.

> 그 성 중에 의인 오십 명이 있을지라도 주께서 그곳을 멸하시고 그 오십 의인을 위하여 용서하지 아니하시리이까 주께서 이같이 하사 의인을 악인과 함께 죽이심은 부당하오며 의인과 악인을 같이 하심도 부당하니이다 세상을 심판하시는 이가 정의를 행하실 것이 아니니이까 여호와께서 이르시되 내가 만일 소돔 성읍 가운데에서 의인 오십 명을 찾으면 그들을 위하여 온 지역을 용서하리라 아브라함이 대답하여 이르되 나는 티끌이나 재와 같사오나 감히 주께 아뢰나이다 오십 의인 중에 오 명이 부족하다면 그 오 명이 부족함으로 말미

암아 온 성읍을 멸하시리이까 이르시되 내가 거기서 사십오 명을 찾으면 멸하지 아니하리라 아브라함이 또 아뢰어 이르되 거기서 사십 명을 찾으시면 어찌하려 하시나이까 이르시되 사십 명으로 말미암아 멸하지 아니하리라 아브라함이 이르되 내 주여 노하지 마시옵고 말씀하게 하옵소서 거기서 삼십 명을 찾으시면 어찌하려 하시나이까 이르시되 내가 거기서 삼십 명을 찾으면 그리하지 아니하리라 아브라함이 또 이르되 내가 감히 내 주께 아뢰나이다 거기서 이십 명을 찾으시면 어찌하려 하시나이까 이르시되 내가 이십 명으로 말미암아 그리하지 아니하리라 아브라함이 또 이르되 주는 노하지 마옵소서 내가 이번만 더 아뢰리이다 거기서 십 명을 찾으시면 어찌하려 하시나이까 이르시되 내가 십 명으로 말미암아 멸하지 아니하리라 (창 18:24-32).

50명에서 45명, 40명, 30명, 20명, 10명으로 하나님이 요구하시는 의인의 수가 줄어들었다. 이는 하나님이 자꾸 뜻을 변개하실 수 있는 분임을 나타낸 말씀이 아니다. 하나님은 자신의 뜻을 변개하지 않으시는 분이다. 이 말씀은 하나님이 혼자 일하지 않고 반드시 우리와 동역하겠다는 의지를 나타낸 것이다.

오직 성령이 너희에게 임하시면 너희가 권능을 받고 예루살렘과 온 유대와 사마리아와 땅 끝까지 이르러 내 증인이 되리라 하시니라 (행 1:8).

이 말씀은 하나님의 의지나 감정을 나타낸 것이 아니라 하나님의 지시를 나타낸 말이다. 그대로 준행해야 하는 말씀이다.

이처럼 성경의 저자이신 하나님의 저작 의도를 바로 알려면 성경에는 하나님의 의지를 나타낸 말씀도 있고, 하나님의 감정을 표현한 말씀도 있으며, 하나님의 지시를 나타낸 말씀도 있다는 사실을 알고 구분해서 읽어야 한다.

글 분석법

어떤 글에서 저자가 중요하다고 주장하는 메시지는 읽는 모든 사람에게 동일하게 받아들여져야 한다. 글에는 무엇인가를 알리기 위한 목적이 있으므로 읽는 사람마다 다르게 알아듣는다면 그 글은 있으나 마나 하기 때문이다.

그런데 이상하게도 똑같은 정보를 주고 중요한 메시지를 찾으라고 해 보면 일치하지 않고 여러 개의 메시지가 나오는 경우가 많다. 이처럼 같은 글을 읽고도 중요한 문장을 각기 다르게 끄집어내는 이유는 글쓴이의 생각에 충실하지 않고 자기 생각대로 글을 읽기 때문이다. 따라서 우리는 글을 읽을 때 글쓴이의 생각을 좇아가는 데 초점을 두어야 한다. 아무리 열심히 수십 번, 수백 번 글을 읽는다고 해도 자신의 관점에서만 읽으면 결코 정확하게 이해할 수 없기 때문이다.

그러므로 중요하다고 생각하는 곳에 밑줄을 친다는 말은 내가 중요하다고 생각하는 곳이 아니라 작가가 중요하다고 생각하는 곳에 밑줄을 친다는 것을 의미한다.

정보를 분석적으로 본다는 것은 글을 구성하는 각각의 요소들의 유기적인 관계를 명확히 하는 것을 뜻한다. 정보를 분석적으로 보기 위해서는 먼저 정보를 이루는 말과 글의 속성을 알아야 한다. 말과 글의 중요한 속성은 하나의 정보를 이루는 모든 단어와 문장은 결코 균일한 밀도를 가지고 있는 것이 아니라 반드시 중요한 것과 덜 중요한 것으로 되어 있고, 둘은 상관관계로 묶여 있다는 사실이다.

예를 들어, 어떤 강사가 2시간 동안 강연을 했다고 가정해 보자. 그가 강연을 통해 전달하고자 한 것은 결국 무엇이었을까? 2시간 동안 말한 것 모두 다일까? 그렇지 않을 것이다. 그가 전달하고자 한 것은 3-4가지에 불과하며, 나머지는 그 중요 사항들을 더 효과적으로 전달하기 위해 예화나 사례를 곁들여 설명한 내용일 것이다.

글도 마찬가지다. 10쪽 분량이건, 100쪽 분량이건 모든 글에는 글쓴이가 전하고자 하는 뼈대가 있고, 나머지는 그 뼈대를 돋보이게 하는 살이다. 따라서 우리는 정보를 처리할 때 각 문장 간의 상관관계를 살펴봄으로써 그 속에서 중요한 것과 덜 중요한 것을 가려낼 수 있어야 한다. 이것이 바로 정보를 정확하게 이해하는 것이고, 뛰어난 정보 처리 능력을 갖고 있는 것이다.

정보를 정확하게 파악하기 위해서는 주어진 정보를 읽을 때 글 분석법 순서에 따라 5가지 질문에 답하는 훈련을 해야 한다.

1. 주어진 정보에는 몇 개의 핵심이 있는가?
2. 각 문단의 요지는 무엇인가?
3. 글의 형식은 무엇인가?
4. 글의 주제는 무엇인가?
5. 글의 제목은 무엇인가?

우선, 글을 읽을 때 내용을 정확하게 파악하기 위해서는 각 내용이 저자가 말하려는 중요한 것인지 아닌지를 판단해야 한다. 어떤 내용은 저자가 중요하게 말하려는 것일 수 있고, 어떤 내용은 중요한 것을 설명하는 부수적인 것일 수 있다. 부수적인 경우 단지 이해만 하고 넘어가면 된다. 이를 위한 구체적인 방법은 저자가 중요하다고 이야기하는 것으로 여겨지는 문장에 밑줄을 치는 것이다.

다음으로 밑줄 친 문장이 전체 정보에서 몇 개 나왔는지가 중요하다. 만약 3개의 밑줄이 나왔다면 전체는 세 덩어리로 이루어진 정보다. 각 문단의 요지는 밑줄 친 내용을 다시 한 번 정리해서 간단하게 쓰면 된다. 글의 형식에 대한 질문은 밑줄 친 정보 중에서 가장 중요한 부분이 어디에 있는가를 묻는 것이다. 따라서 각 문단의 요지를 검토해 보면서 어떤 부분이 중요한지, 즉 주제가 무엇인지 파악해야 한다. 이때 핵심 요지가 글의 앞부분에 있으면 '두괄식', 뒤에 있으면 '미괄식', 가운데 있으면 '중괄식', 앞부분과 뒷부분에 걸쳐 있으면 '양괄식', 각 단락에 나누어 있을 때는 '병렬식'이라고 말한다. 마지막으로, 글의 제목을 정하는 방법은 주제에서 핵심 단어 2-3개를 뽑아 압축하면 된다.

이와 같은 방법을 반복해 꾸준히 훈련하면 어떤 정보든지 빠른 속도로 정확하게 파악할 수 있다.

글 분석법의 첫 번째 핵심은 판단력을 기르는 것이다. 상대방의 의도를 정확하게 파악하는 능력은 상대방이 전하는 메시지 중에서 중요한 부분과 중요하지 않은 부분을 판단하는 데 달려 있다. 글을 많이 읽다 보면 이러한 판단력이 저절로 증진되기도 하지만, 의식적으로 계속해서 중요한 것인지 아닌지를 고민해야 더욱 좋은 효과를 얻을 수 있다. 주어진 글에서 중요한 부분을 찾아내는 능력만 있으면 아무리 긴 글이라도 핵심 내용을 쉽게 파악할 수 있다. 왜냐하면 긴 글이라도 실제 중요한 부분은 몇 군데 안 되며, 나머지는 설명, 비유, 예문 등이므로 찾아낸 중요 부분 몇 줄만 읽고도 정확한 내용을 완전히 파악할 수 있기 때문이다.

글 분석법의 두 번째 핵심은 결단력을 기르는 것이다. 독서 훈련의 또 다른 목표는 정보를 남보다 더 신속하게 얻는 것이다. 아무리 내용을 정확하게 파악했다고 하더라도 정보를 얻는 속도가 너무 느리면 큰 도움이 될 수 없다. 학교에서 시험을 칠 때 정확한 답을 쓴다 할지라도 정해진 시간 내에 문제를 풀지 못한다면 아무 소용이 없는 것과 마찬가지다.

따라서 '글을 읽을 때 얼마나 신속하게 정보를 얻을 수 있는가?' 하는 관건은 얼마나 신속하게 중요한 문장을 찾아내느냐에 달려 있다. 읽고 있는 글 중에서 어떤 것이 정말 중요한 문장인지 판단하기 어려워 망설이다 보면 정보를 빠르게 얻을 수 없다.

성경 단어 뜻을 정확히 알아야 한다

성경을 바르게 이해하기 위해서는 성경에 나오는 단어의 개념을 정확하게 알아야 한다. 왜냐하면 개념이 잘못되어 있으면 아무리 열심히 구체화한다고 해도 잘못된 결과가 나올 수 있기 때문이다. 정보를 구체화하기 위해서는 정보를 이루고 있는 개념들이 정확하게 무엇을 뜻하는지 잘 알아야 한다. 이것은 용어나 사건 하나하나의 정확한 의미와 배경을 이해하는 것으로, 개념 심화 학습을 통해서 가능하다.

개념 심화 학습

어떤 사람이 인간의 덕목 중 하나인 '중용'을 찬양하는 글을 읽었다고 하자. 그는 중용을 가진 사람이 되고 싶었다. 그런데 '구체적으로 어떻게 하는 것이 중용을 지키는 것인가?' 하는 문제에 부딪쳤다. 중용의 개념이 명확하게 잡히지 않았기 때문이다.

중용이라는 개념을 정확하게 알기 위해서는 우선, 자신이 읽은 글에서 왜 중용이 인간의 최고 덕목이라고 했는지를 알아보고, 그 근거를 자신에게 일어날 수 있는 상황에 적용해 보아야 한다. 아울러 사전을 찾아서 자신이 알고 있는 뜻과 비교해 보아야 한다. 이 과정을 거치면서 추상적인 개념으로서 중용을 아는 것이 아니라 실제 자신에게 일어나는 상황 속에서 중용을 이해하게 된다. 그리고 그 개념을 지속적으로 심화하는 과정에서 중용을 지닌 사람이 되어 갈 수 있다. 이것이 지식의 진정한 힘인 지력이다.

추상적인 개념을 구체화하기 위한 훈련에는 네모 치기, 상상하기, 사전 찾기, 묵상하기가 있다.

네모 치기

정보를 읽어 나가면서 중요한 낱말이나 의미를 명확히 알 수 없는 낱말, 또는 대략적으로 알고는 있지만 확실하게 다가오지 않는 낱말을 찾으면 네모를 쳐서 표해 둔다.

상상하기

네모 친 단어의 개념이 무엇인지에 대해 기존에 가지고 있던 상식과 앞뒤 문맥을 참고해 상상하고 추측해 본다. 만일 '관용'이라는 단어에 네모를 쳤다면 자신이 생각하는 관용의 구체적인 뜻을 상상해서 적는다.

사전 찾기

충분히 상상하고 추리했다면 이제는 사전 등의 자료를 통해 단어의 객관적인 뜻을 알아본다. 뜻을 설명하는 말 가운데 또다시 의미가 분명하지 않은 단어가 나오면 그 단어 역시 개념 심화를 해 나간다.

묵상하기

네모 치기, 상상하기, 사전 찾기 과정을 거치면서 새롭게 이해하게 된 개념이 어떻게 구체적으로 적용될 수 있는지를 깊이 생각해 본다.

오랫동안 성경을 읽어 온 사람들은 '죄', '사랑', '은혜', '율법', '믿음', '의' '구원' 등의 단어들에 대해 매우 익숙하고 잘 안다고 생각한다. 하지만 실제로 그 뜻을 써 보면 정확히 알지 못하는 경우가 많다. 심지어 뜻이 정반대이거나 부분적으로 틀린 경우도 있다. 이것은 매우 심각한 문제다. 어떤 글을 안다고 생각하는데 실제로 그 글을 구성하고 있는 단어들의 뜻을 정확하게 알고 있지 않다면 내가 알고 있거나 믿는다고 생각하는 것이 틀릴 수 있기 때문이다. 사실은 모르고 있는 것일 수도 있다.

다음 표에는 우리가 잘 알고 있다고 생각하는 단어들이 적혀 있다. 하지만 정말 이 단어들의 뜻을 바르게 알고 있는지 확인해 볼 필요가 있다. 다음 단어들의 뜻을 다른 사람의 도움을 받지 말고 적어 보고, 뜻이 정확히 무엇인지 생각해 보라.

단어	자신이 생각하는 뜻
죄	
사랑	
은혜	
율법	
믿음	
의	
구원	

표에 적은 자신이 생각하는 뜻을 보면서 다음 질문에 답해 보라.

1. 완전히 정확하게 뜻을 적었다고 생각하는 단어는 몇 개인가? ___개
2. 알기는 아는 것 같은데 뜻을 정확하게 적기가 어려운 단어는 몇 개인가? ___개
3. 잘 알지 못하는 단어는 몇 개인가? ___개

이제 다음 표에 해답집(259쪽)을 참조해서 성경이 말하는 뜻을 적어 보고 자신이 생각하는 뜻과 어떤 차이가 있는지 비교해 보라.

단어	성경이 말하는 뜻
죄	
사랑	
은혜	
율법	
믿음	
의	
구원	

지금까지 알고 있다고 생각했던 단어들의 성경적인 뜻을 확인해 본 결과, 자신이 그 뜻을 정확히 알지 못하고 있었다는 사실을 깨닫게 되었을 것이다. 이 문제를 해결하기 위해서는 글을 읽을 때 안다고 생각하지만 정확한 뜻은 모르는 단어에 네모를 치고 그 뜻을 사전에서 확인하는 과정이 반드시 필요하다.

다음 글을 읽으면서 개념을 심화해야 할 단어에 네모를 쳐 보면 이렇다.

> 인간은 죄 때문에 죽을 수밖에 없었다. 하지만 하나님은 우리를 사랑하셔서 당신의 아들 예수 그리스도를 십자가에서 죽게 하시고, 우리를 멸망하지 않고 구원하기로 작정하셨다. 이런 구원은 은혜를 통해 율법의 행위에 의해서가 아니라 오직 믿음으로 이루어지는 것이다. 이렇게 구원받은 우리는 의롭다고 칭해지며, 거룩을 향해 나아가고, 이 땅에서 하나님 나라의 백성으로서 교회의 지체로 살아가게 된다."

단어에 네모를 치고 그 개념을 명확하게 하면 다음과 같이 심화해서 뜻을 이해할 수 있게 된다.

> 인간은 하나님과 바른 관계가 깨어진 죄 때문에 죽을 수밖에 없었다. 하지만 하나님은 우리를 먼저 사랑하셔서 당신의 아들 예수 그리스도를 십자가에서 죽게 하시고, 우리를 멸망하지 않고 구원하기로 작정하셨다. 이런 구원은 아무런 대가도 치를 수 없는 무능한 우리에게 은혜를 통해 율법의 행위에 의해서가 아니라 오직 믿음으로 이루어지는 것이다. 이렇게 구원받은 우리는 하나님과의 관계가 회복됨으로 의롭다

고 칭해지며, 거룩을 향해 나아가고, 이 땅에서 하나님이 함께 계신 하나님 나라의 백성으로서 예수님이 머리가 되시고 하나님의 성전인 교회의 지체로 살아가게 된다.

전체를 먼저 보고 부분을 보아야 한다

성경 전체에 익숙해지기 위해서는 고공 학습법과 상관관계 학습법을 이해해야 한다. 우리는 일반적으로 성경공부를 할 때 성경의 어느 한두 구절을 중심으로 부분적으로 공부하곤 한다. 물론 성경 한 구절, 한 구절을 자세히 아는 것은 매우 중요하다. 하지만 더 중요한 것은 성경 전체를 통해서 하나님이 우리에게 이야기하시려는 것이 무엇인지를 아는 것이다. 그렇지 않으면 성경의 저자이신 하나님이 우리에게 말씀하고 계시는 바를 있는 그대로 알 수 없고, 깨달을 수 없다.

흔히 이단들은 예수 믿는 신자들을 미혹할 때 몇몇 성경구절들을 펴 보이며 접근해 온다. 이때 그들이 펴 보이는 해당 성경구절들을 성경 전체와 연결시키지 못하면 그들의 묘한 논리에 포박될 수밖에 없다. 하나님의 말씀을 한 부분, 한 부분 아는 것도 중요하지만 반드시 성경 전체가 이야기하는 내용과 끊임없이 연결 고리를 맺는 것이 중요하다.

퍼즐은 조각이 몇 개 안 되는 것도 있지만, 100조각, 200조각, 심지어 1,000조각이나 되는 것도 있다. 이 경우 퍼즐을 완성하려면 전체 그림을 먼저 보아야 한다. 마찬가지로 성경도 전체를 먼저 보아야 복잡한 문제를 해결해 나갈 수 있다. 성경 전체를 먼저 보고, 부분을 전체에 연결시키는 것은 큐티나 묵상, 그리고 주제별 성경공부, 책별 성경공부, 인물별 성경공부 등에 큰 도움이 된다. 이처럼 부분을 전체와 연결시켜 보는 학습법을

'고공 학습법'이라고 한다.

그러면 성경에서 전체란 무엇을 의미하는가? 결론부터 말하면, 하나님이 우리에 대해 영원한 목적을 가지고 계시며, 그래서 예수 그리스도를 보내 우리의 죄를 대신해서 죽게 하셨고, 그분을 통해서 우리 인간에 대해 가지고 있는 영원한 목적을 이루어 나가고 계신다는 것을 기술한 것이 성경 전체의 뼈대다.

그러므로 성경에는 하나님이 우리를 구원하시고, 성화와 영화에 이르게 하신다는 말씀이 수없이 반복해서 기술되어 있지만, 그 외에 우리가 욕심으로 알고 싶어 하고, 원하고, 호기심을 가질 만한 질문들에 대해서는 상세한 답이 없다.

그러면 성경 전체를 보면 성경이 어떻게 보일까? 성경은 1,600여 년간 약 40여 명의 저자들이 기록한 책이다. 이렇게 긴 시간 동안 여러 사람들에 의해 기록된 책인 성경은 처음부터 끝까지 일관성 있게 복음을 증거하고 있다. 그래서 성경의 저자가 하나님이시라는 것이다.

성경은 예수님에 대해 기록하고 있는 책이다. 구약에는 예수님이 등장하시지 않지만 구약 전체를 통해서 예수님이 우리의 구주로 오실 것임을 계속해서 약속했으며, 신약을 통해 약속대로 예수님이 오셔서 우리의 죄 문제를 해결하시고 영원한 생명을 얻게 해 주셨다.

약속으로 이루어진 성경

성경은 신약과 구약으로 되어 있다. 즉 약속으로 이루어져 있다. 구약은 옛 약속, 신약은 새로운 약속이다. 성경은 하나님과 인간 사이의 언약인 것이다. 예수님의 생명과 믿음으로 이루어진 약속이며, 그 결과 구원과 통일에 이르게 된다. 옛 약속은 예레미야 11장 4절이 말하듯이, "너희는 내 목소리를 순종하고 나의 모든 명령을 따라 행하라 그리하면 너희는 내 백성이 되겠고 나는 너희의 하나님이 되리라"라는 약속이다. 그러나 새 약속은 히브리서 8장 10절, "내 법을 그들의 생각에 두고 그들의 마음에 이것을 기록하리라 나는 그들에게 하나님이 되고 그들은 내게 백성이 되리라"라는 약속이다.

그런데 서로 모순되어 보이는 이 두 약속은 예수님을 통해 하나로 통일된다. 예수님이 옛 언약을 지킬 수 없는 우리에게 오심으로 그리스도 예수 안에 있는 믿음으로 말미암아 구원에 이르는 지혜가 주어졌다(딤후 3:15). 즉 인간은 스스로 선하게 사는 것이 불가능하기 때문에 예수님을 통한 하나님의 사랑에 의한 구원만이 모든 문제의 해결책이며, 우리에게 기쁜 소식이 된다.

성경의 DNA

생명체는 DNA의 정보를 바탕으로 성장한다. 동물의 경우 뼈에 있는 DNA나 혈액에 있는 DNA가 동일한 정보를 가지고 있어서, 어떤 것이든 DNA의 정보를 활용해 그 생명체를 복제할 수 있다. 그러므로 성경의 핵심 정보는 성경의 어느 곳에서 찾아보아도 동일한 것이어야 한다. 성경 전체를 통해 일치되는 말씀의 내용은 다음과 같다.

사랑과 작정 하나님 창조	은혜와 믿음 예수님의 순종	구원과 칭의 성령님의 인 치심	거룩과 성화 성령님의 이끄심	통일과 영광 교회와 하나님 나라
예수의 탄생과 하나님의 작정 예수는 창세 전 이미 알린 바 되심(벧전 1:20)	**예수**의 십자가와 구원 자기 목숨을 많은 사람의 대속물로 주심(막 9:31)	**예수**가 죄인을 불러 회개시키심(눅 5:32)	**예수** 부활과 성령님의 견인 우리로 사랑 안에서 그 앞에 거룩하고 흠이 없게 하심(엡 1:4)	**예수**의 승천과 영광(막 16:19) 부활하신 주 안에서 하늘의 것과 땅의 것이 통일됨(엡 1:10) 예수가 교회의 머리가 되심(골 1:18)
우리가 죄와 허물로 세상 풍조를 따르는 죽은 자가 됨(심판, 엡 2:5)	**우리**가 구원을 받은 것은 하나님의 은혜를 입고 그리스도를 믿어서 된 것이지 우리 자신의 힘으로 된 것이 아님(엡 2:8)	**우리**가 예수 안에서 하나님과 바른 관계(의)를 갖는 산 자가 됨(롬 6:11) 새로운 피조물(고후 5:17) 그리스도 예수 안에서 하나님의 자녀가 됨(갈 3:26)	**우리**는 산 자로서 순종(하나님만 옳으심 인식)을 통해 거룩한 삶을 살아감(고전 1:2)	**우리**가 복음을 위해 택정됨(롬 1:1) 너희도 성령 안에서 하나님이 거하실 처소가 됨(엡 2:20)

그런데 이 내용이 성경의 다른 책에서도 동일하게 반복되고 있는가를 살펴보아야 한다. 왜냐하면 이것이 성경의 핵심 내용이라면 성경의 다른 책에도 같은 내용이 들어 있을 것이기 때문이다. 신약성경의 주요 책에 담겨 있는 내용을 다음과 같이 정리해 보았다.

성경의 DNA	사랑과 작정 하나님 창조	은혜와 믿음 예수님의 순종	구원과 칭의 성령님의 인 치심	거룩과 성화 성령님의 이끄심	통일과 영광 교회와 하나님 나라
마태복음	예수님의 작정된 탄생(마 1:1-25)	회개하라 천국이 가까이 왔느니라(마 3:2, 4:17)	의인들은 영생에 들어가리라(마 25:46)	하나님을 사랑하고 이웃을 사랑하라(마 22:37-40)	내가 이 반석 위에 내 교회를 세우리니(마 16:18)
마가복음	하나님의 아들 예수 그리스도(막 1:1)	인자가 땅에서 죄를 사할 수 있는 권세(막 2:10)	인자가 온 것은 자기 목숨을 많은 사람의 대속물로 주려 함(막 9:31)	제자들이 나가 두루 전파할새 주께서 함께 역사하사(막 16:20)	예수께서 하늘로 올려지사 하나님 우편에 앉으시니라(막 16:19)
누가복음	예수님의 작정된 탄생(눅 3:23-38)	죄인을 불러 회개시키러 왔노라(눅 5:32)	네 믿음이 너를 구원하였으니 평안히 가라(눅 7:50)	항상 기도하며 깨어 있으라(눅 21:36)	오직 너희는 그의 나라를 구하라(눅 12:31)
요한복음	그가 없이 창조된 것은 하나도 없다(요 1:3)	누구든지 다시 나지 않으면 하나님 나라를 볼 수 없다(요 3:3)	믿는 사람마다 멸망하지 않고 영생을 얻게 하려함(요 3:16)	진리의 영이 오시면 그 영이 나를 위하여 증언(요 15:26)	우리가 하나인 것같이 그들도 하나가 되게(요 17:11)
로마서	성경에서 미리 약속하신 아들(롬 1:2)	오직 의인은 믿음으로 살리라(롬 1:17)	그리스도께서 우리를 위해 죽으심(롬 5:10)	성령의 법이 너를 해방함(롬 8:2)	예수로 말미암아 영광(롬 16:27)
고린도전서	지혜 있는 자가 어디 있느냐(고전 1:20)	믿음이 사람의 지혜에 있지 않고(고전 2:5)	하나님의 나라는 능력에 있음(고전 4:20)	그중에 제일은 사랑이라(고전 13:13)	다시 살아 첫 열매가 되셨도다(고전 15:20)
고린도후서	환난을 당하는 것도 위로와 구원을 받게 하려 함(고후 1:6)	은혜를 헛되이 받지 않도록(고후 6:1)	그리스도 안에서 새로운 피조물(고후 5:17)	모든 생각을 사로잡아서 그리스도께 복종(고후 10:5)	내 능력이 약한 데서 온전하여 짐이라(고후 12:9)
갈라디아서	악한 세대에서 건져 주시려고(갈 1:4)	그리스도를 믿는 믿음으로 의롭게(갈 2:6)	예수 안에서 하나님의 자녀들(갈 3:26)	사랑으로 서로 섬김(갈 5:13)	새롭게 창조되는 것이 중요함(갈 6:15)

구체화할 수 있는 능력이 있어야 한다

우리는 어떤 글을 읽고 나서 구체화하는 능력이 있어야 한다. 책을 보고 "참 좋은 글이다. 나도 앞으로 착하게 살아야겠다"라고 말한다면 그것은 단지 추상적인 개념에 머무르게 된다. 하지만 어떻게 착한 일을 할 것인지에 대해 깊이 생각하면서 "오늘 옷장 정리를 하고, 작아진 옷들을 모아 가까운 보육원에 가져다주어야겠다"라고 다짐한 뒤 정리를 한다면 이것은 구체적인 개념이 된다.

하지만 많은 경우 우리는 정보를 구체화하지 않고 추상적으로 내버려둔다. 추상적인 개념으로 말하기가 훨씬 쉽기 때문이다. 위인전을 읽고 나서 "정말 훌륭하다. 나도 본받아야겠다"라고 말하면 되고, 과학책을 읽고는 "정말 신기하다"라고 말하면 끝이다. 그러나 이것을 구체화해 무엇을 어떻게 본받을 것인지, 무엇이 왜 신기한지, 그것이 우리의 실생활에 어떻게 적용될 수 있는지 등에 답하기 위해서는 깊이 이해하고 생각해야 한다.

구체화를 위해서는 묵상이라는 단계가 필요하다. 묵상이란 무엇인가? 묵상은 단지 마음을 비우거나 골똘히 생각하기가 아니다. 또한 묵상은 단순한 명상이 아니다. 묵상은 우리의 마음이 하나님의 말씀으로 지배되는 것을 말한다. 우리의 마음과 생각과 행동과 일거수일투족이 하나님의 말씀으로 점령되는 것이 바로 묵상이다. 골로새서는 이렇게 말한다.

> 그리스도의 말씀이 너희 속에 풍성히 거하여 모든 지혜로 피차 가르치며 권면하고 시와 찬송과 신령한 노래를 부르며 감사하는 마음으로 하나님을 찬양하고(골 3:16).

'그리스도의 말씀이 너희 속에 풍성히 거하여'라는 말은 그리스도의 말씀이 우리 속을 완전히 장악하는 것을 말한다. 이것을 묵상이라고도 한다.

묵상은 어떤 단계를 거치는가? 먼저, 성경을 읽어 나가면서 저자가 누구인지, 누구에게, 어디에서, 왜, 무엇을 위해 그 책을 썼는지, 저자가 말하려는 핵심이 무엇인지를 대략적으로 파악한다. 그러면 그 책을 통해서 하나님이 우리에게 당부하고 계시는 것, 우리가 책임져야 할 것, 우리가 누리고 감사해야 할 것, 하나님과 함께하는 기쁨이 무엇인지가 우리 심령 속에 각인되기 시작하는 즐거움을 얻게 된다.

또한 성경공부를 통해 배운 말씀을 겉 행동으로 표출함으로 말씀이 구체화될 수 있다. 말씀이 행동까지 지배하게 하기 위해 신실한 그리스도인들이 채택할 수 있는 두 가지 방법이 있다. 하나는 무슨 일을 하든 종말적 입장에서 사는 것이고, 또 하나는 무슨 일을 하든 주께 하듯 사는 것이다.

먼저, 종말적 입장이란 무엇을 하든지, 즉 사업을 하든지, 자식을 키우든지, 쇼핑을 하든지 '오늘이 나의 종말의 날'이라는 인식 아래 삶을 사는 것이다. 이것이 말씀을 표출할 수 있는 첫 번째 비결이다.

> 너는 내일 일을 자랑하지 말라 하루 동안에 무슨 일이 일어날는지 네가 알 수 없음이니라(잠 27:1).

'하루 동안에 무슨 일이 일어날는지'라는 말은 '우리가 내일 죽을지라도'라는 뜻이다. 내일이 죽는 날일지 모르는데, 오늘 하루뿐인데 어떻게 남편, 아내, 자식, 부모님, 며느리, 이웃에게 신경질을 부리고 화를 낼 수 있겠는가? 오늘이 마지막 날인데, 살아 있는 동안이라도 잘해 주려고 하지 않겠는가? 그러다 보면 하루하루를 하나님 앞에서 바로 살 수밖에 없다. 때로 내일 죽는다는 사실에 삶을 자포자기하는 지경에 이르는 사람도 있을 수 있지만, 신자라면 하나님의 은혜 때문에 그 하루를 경건하게 말씀대로 하나님 앞에서 살아가게 된다. 이것이 바로 말씀의 표출이고, 말씀이 열매를 맺은 증거다.

또한 '주께 하듯'이란 무엇을 하든지 하나님 앞에서 한다고 생각하며 사는 것을 말하며, 이를 통해 말씀을 표출할 수 있다. '하나님이 지금 이 일을 보고 계신다. 나는 이 일을 주님의 면전에서 하고 있다'라는 마음의 자세는 우리를 변화시키고, 성숙시키고, 성화시킨다. 그래서 하나님은 무슨 일이든 주 앞에서 하듯 하라고 명령하신 것이다.

> 아브람이 구십구 세 때에 여호와께서 아브람에게 나타나서 그에게
> 이르시되 나는 전능한 하나님이라 너는 내 앞에서 행하여 완전하라
> (창 17:1).

'내 앞에서 행하여 완전하라'라는 말은 주님이 앞에 계시는 것처럼 생각하고 행하면 우리가 거룩해질 수 있다는 뜻이다. 이를 통해 점점 우리의 성품이 주님을 닮아 가는 성화적 신비가 일어난다.

깊이 있는 성경공부를 위한 훈련 실례

주어 대치
주어 대치 훈련은 해당 성경구절에서 하나님이 어떤 분이신가를 발견

하기 위해 '하나님'을 주어로 상정해 놓고 다시 쓰는 훈련이다. 아울러 그러한 하나님의 발견을 통해 내가 무엇을 실행해야 하는지, 무엇을 금해야 하는지 등 행동 지침을 다음 도식에 맞추어 다시 쓰는 훈련이다.

주어 대치 훈련 도식

(인격-긍정) 하나님은 _____을/를 기뻐하신다.

(인격-부정) 하나님은 _____을/를 기뻐하지 않으신다.

(실행) 나는 _____을/를 해야겠다.

(금지) 나는 _____을/를 하지 말아야겠다.

주어 대치 훈련 실례

(본문) 너는 내게 부르짖으라 내가 네게 응답하겠고 네가 알지 못하는 크고 은밀한 일을 네게 보이리라(렘 33:3).

(인격-긍정) 하나님은 나의 기도에 응답하기를 기뻐하신다.

(인격-부정) 하나님은 나를 위해 준비하신 선물을 기도로 구하지 않는 것을 기뻐하지 않으신다.

(실행) 나는 기대를 가지고 더욱더 기도해야겠다.

(금지) 나는 하나님이 내 기도는 듣지 않으신다는 생각을 더 이상 하지 말아야겠다.

기도 변환

주어 대치 훈련에 사용된 성경구절을 기도로 변환해 다시 씀으로 말씀과 기도의 힘을 강화시켜 주는 훈련이다. 다음 지침에 따라서 성실히 훈련하면 나중에 성경연구도 혼자 힘으로 해 나갈 수 있는 자생력이 길러진다.

기도 변환 훈련 실례 (1)

(본문) 눈가림만 하여 사람을 기쁘게 하는 자처럼 하지 말고 그리스도의 종들처럼 마음으로 하나님의 뜻을 행하고(엡 6:6).

(기도) 하나님 아버지! 상대방에게서 제가 원하는 것을 얻기 위해 아첨하는 사람이 되지 않게 해 주시옵소서. 사람 앞에 눈가림으로 일하지 말고, 무슨 일이든지 마음을 다하고 최선을 다해 행함으로 하나님의 뜻을 행하는 제가 되게 해 주시옵소서.

기도 변환 훈련 실례 (2)

(본문) 부지런하여 게으르지 말고 열심을 품고 주를 섬기라(롬 12:11).

(기도) 하나님 아버지! 교회 봉사로 인해 몸이 피곤하다는 이유로 교회에서 맡은 일을 소홀히 하거나 나태해지지 않고 열심히 주님의 일을 감당함으로 주님을 섬기는 사람이 되게 해 주시옵소서.

기도 변환 훈련 실례 (3)

(본문) 네 길을 여호와께 맡기라 그를 의지하면 그가 이루시고(시 37:5).

(기도) 하나님 아버지! 제가 하는 모든 일의 시작과 과정과 결과를 하나님이 전부 풍성하게 인도해 주실 것을 믿고 하나님께 맡기며, 다만 하나님 앞에 최선을 다해 행하는 사람이 되게 해 주시옵소서. 제가 그렇게 주님을 신뢰하면 하나님이 선하게 이루실 줄 믿습니다.

성경적 견해

하나님은 자신의 생각과 세상의 생각은 천양지차라고 하셨다. 대표적으로 이사야서에서는 이렇게 말씀하셨다.

이는 내 생각이 너희의 생각과 다르며 내 길은 너희의 길과 다름이니라 여호와의 말씀이니라 이는 하늘이 땅보다 높음같이 내 길은 너희의 길보다 높으며 내 생각은 너희의 생각보다 높음이니라(사 55:8-9).

'내 생각이 너희의 생각과 다르며'라는 말은 천양지차라는 뜻이다. 이런 관점에서 다음에 제시하는 성경적 견해와 세상적 견해를 대비시키는 훈련은 해당 성경구절에서 성경적 견해를 이끌어 낸 다음, 그와는 상반되기 마련인 세상적 견해를 생각해 써 봄으로써 우리에게 복 주러 오신 예수 그리스도의 마음을 우리의 마음에 채우는 훈련이다.

성경적 견해 대비 훈련 실례 (1)

(본문) 모든 성경은 하나님의 감동으로 된 것으로 교훈과 책망과 바르게
함과 의로 교육하기에 유익하니 이는 하나님의 사람으로 온전하게
하며 모든 선한 일을 행할 능력을 갖추게 하려 함이라(딤후 3:16-17).

(세상적 견해) 성경은 이스라엘의 역사 기록일 뿐이다.

(성경적 견해) 성경은 우리를 위한 하나님의 말씀이다.

성경적 견해 대비 훈련 실례 (2)

(본문) 악에게 지지 말고 선으로 악을 이기라(롬 12:21).

(세상적 견해) 악은 악으로 응징하라.

(성경적 견해) 선으로 악을 이기라.

나의 말로 다시 써 보기

하나님의 말씀을 나의 말로 다시 써 보는 것은 우리를 사랑하시며 우리
를 자기 백성으로 삼으사 열심과 능력과 선하심과 신실하심과 예수 그리
스도를 주시기까지 우리를 사랑하시는 하나님의 사랑을 확인하는 가장
좋은 방법이다.

나의 말로 다시 써 보기 훈련 실례 (1)

(본문) 고기도 먹지 아니하고 포도주도 마시지 아니하고 무엇이든지 네

형제로 거리끼게 하는 일을 아니함이 아름다우니라(롬 14:21).

(나의 말로 다시 써 보기)

나는 고기도 먹지 않고, 포도주도 마시지 않는 등 다른 사람을 시험 받게 하는 어떤 일도 하지 않겠습니다.

나의 말로 다시 써 보기 훈련 실례 (2)

(본문) 그러나 이 은사는 그 범죄와 같지 아니하니 곧 한 사람의 범죄를 인하여 많은 사람이 죽었은즉 더욱 하나님의 은혜와 또한 한 사람 예수 그리스도의 은혜로 말미암은 선물은 많은 사람에게 넘쳤느니라(롬 5:15).

(나의 말로 다시 써 보기)

그러므로 한 사람이 죄를 범했기 때문에 세상 모든 사람이 죄에 이른 것처럼 한 분의 의로운 희생으로 인해서 모든 사람이 의롭다는 인정을 받아 생명에 이르렀습니다.

다른 번역본 비교

다른 번역본과 비교하는 훈련은 해당 성경구절을 다른 번역본에서는 어떻게 번역했는지를 비교해서 써 봄으로써 우리의 모든 고난과 고통과 시련과 핍박 중에서도 우리를 지켜 주는 힘인 하나님의 말씀의 힘을 체화하는 훈련이다.

성경공부를 할 때, 또는 성경을 읽을 때 통상 공적 예배에서 쓰이고 있는 개역개정 성경만 가지고 상고하기보다는 다른 한국어 번역본을 병행할 경우 더욱 풍성한 의미를 감지할 수 있다. 또한 하나님이 말씀하시는 의도에 보다 더 가깝게 갈 수 있다는 장점이 있다.

다른 번역본 대비 훈련 실례 (1) 롬 8:28

(개역개정 성경) 우리가 알거니와 하나님을 사랑하는 자 곧 그의 뜻대로 부르심을 입은 자들에게는 모든 것이 합력하여 선을 이루느니라.

(우리말 성경) 우리는 하나님을 사랑하는 사람들, 곧 그분의 뜻을 따라 부르심을 받은 사람들에게는 모든 것이 합력해 선을 이루는 줄을 압니다.

다른 번역본 대비 훈련 실례 (2) 롬 6:16

(개역개정 성경) 너희 자신을 종으로 내주어 누구에게 순종하든지 그 순종함을 받는 자의 종이 되는 줄을 너희가 알지 못하느냐 혹은 죄의 종으로 사망에 이르고 혹은 순종의 종으로 의에 이르느니라.

(우리말 성경) 여러분이 자신을 종으로 드려 누구에게든지 순종하면 여러분은 여러분이 순종하는 그 사람의 종이 되는 줄을 알지 못합니까? 여러분은 죄의 종이 돼 죽음에 이르거나 아니면 순종의 종이 돼 의에 이릅니다.

chapter 4

열심보다
올바른 방향이 중요하다

우리는 그동안 "지성이면 감천"이라고 성경공부도 무조건 열심히만 하면 된다고 생각해 왔다. 그러나 열심히만 한다고 해서 성경이 읽히고, 내 안에 뿌려진 말씀이 열매를 맺는 것은 아니다. 어떤 일을 하든지 방향을 올바르게 잡아야 잘할 수 있다. 이러한 이유에서 성경도 올바른 방법의 중요성을 누차 강조한다.

> 그러므로 나는 달음질하기를 향방 없는 것같이 아니하고 싸우기를 허공을 치는 것같이 아니하며(고전 9:26).

'향방 없는 것같이 아니하고'라는 말은 무턱대고 열심히만 하는 것은 좋지 않다는 의미다. 열심히 하는 것보다 중요한 것은 올바른 방향이다. 필자는 어릴 때 수영을 배우지 못해 소위 '개헤엄'을 혼자서 터득했다. 개헤엄이라 폼이 좀 우스꽝스럽기는 하지만 그것도 열심히 했더니 수영을 잘하게 되었다. 집 앞에 있는 저수지를 가로질러 왔다 갔다 할 수 있을 정도였다. 하지만 수영하는 법을 체계적으로 익힌 사람을 이길 수는 없었다. 왜냐하면 방법이 좋지 않았기 때문이다.

성경공부도 마찬가지다. 성경을 공부할 때는 하나님이 성경을 통해 우리에게 가르쳐 주고 싶으신 것이 무엇인가를 분명히 파악해야 한다. 즉 성경에 기록된 우리를 향한 하나님의 목적을 명확히 아는 것이 곧 성경공부의 방향을 올바르게 잡는 것이다. 올바른 방향을 향해 올바른 방법을 가졌을 때 말씀이 우리 안에 싹을 틔우고 열매를 맺게 된다.

성경은 계시인데, 계시란 '알린다'라는 뜻이다. 즉 하나님이 자신을 우리에게 보여 주시는 것이 성경이다. 문제는 하나님이 성경을 통해서 자신의 무엇을 알리시고, 무엇을 보여 주시느냐는 것이다. 이것을 확실히 알아야 올바른 성경공부의 방향을 잡을 수 있다. 복음적 견지에서 볼 때 하나님이 성경을 통해서 우리에게 알리고 가르치고 싶으신 것은 우리의 구원과 성화와 영화의 문제다.

또한 하나님이 성경을 통해서 자신의 모든 것을 보여 주시는 것은 아니다. 하나님은 우리가 한 점 의구심도 품을 수 없도록 우리에게 자신의 모든 것을 가르쳐 주시지는 않으며, 보여 주시지도 않는다. 하나님 나라인 천국은 추후에 우리가 가서 영원히 살 곳이다. 그럼에도 불구하고 성경은 천국에 대한 비밀의 커튼 중 일부만 들출 뿐이며, 대부분의 사항은 창세 이래 숱한 비밀로 감추어져 있다.

그뿐 아니라 하나님은 우리가 이 세상에 한시적으로 살면서 숱하게 품는 궁금증에 대해서는 거의 침묵하고 계신다. 언제 인생에서 성공할 것인지, 내 앞길은 어떻게 되는 것인지, 주 안에서 선하게 살려고 애쓰는 사람이 왜 그토록 어려움을 당하는지, 왜 믿지도 않는 악한 사람이 그토록 큰 부자가 되는지, 믿지 않을뿐더러 오히려 예수 믿는 사람들을 욕하는 사람이 세상적으로 더 성공하며 떵떵거리며 살게 놔두시는 이유가 무엇인지 등에 대해서 말이다. 침묵을 참다못한 시편 기자는 하나님께 이렇게 항변했다.

> 하나님이 참으로 이스라엘 중 마음이 정결한 자에게 선을 행하시나 나는 거의 넘어질 뻔하였고 나의 걸음이 미끄러질 뻔하였으니 이는 내가 악인의 형통함을 보고 오만한 자를 질투하였음이로다 그들은 죽을 때에도 고통이 없고 그 힘이 강건하며 사람들이 당하는 고난이 그들에게는 없고 사람들이 당하는 재앙도 그들에게는 없나니 그러므로 교만이 그들의 목걸이요 강포가 그들의 옷이며 살찜으로 그들의 눈이 솟아나며 그들의 소득은 마음의 소원보다 많으며 그들은 능욕하며 악하게 말하며 높은 데서 거만하게 말하며 그들의 입은 하늘에 두고 그들의 혀는 땅에 두루 다니도다 그러므로 그의 백성이 이리로 돌아와서 잔에 가득한 물을 다 마시며 말하기를 하나님이 어찌 알랴 지존자에게 지식이 있으랴 하는도다 볼지어다 이들은 악인들이라도 항상 평안하고 재물은 더욱 불어나도다 내가 내 마음을 깨끗하게 하며 내 손을 씻어 무죄하다 한 것이 실로 헛되도다 나는 종일 재난을 당하며 아침마다 징벌을 받았도다 (시 73:1-14).

'헛되도다'라는 말은 도대체 하나님이 이해가 안 간다는 뜻이다. 왜 명확하게 답을 주시지 않느냐는 것이다. 시편 기자뿐 아니라 하박국 선지자는 아예 노골적으로, 하나님이 일하시는 방법에 대해서 개인적인 불만을 노출했다.

> 여호와여 내가 부르짖어도 주께서 듣지 아니하시니 어느 때까지리이까 내가 강포로 말미암아 외쳐도 주께서 구원하지 아니하시나이다 어찌하여 내게 죄악을 보게 하시며 패역을 눈으로 보게 하시나이까 겁탈과 강포가 내 앞에 있고 변론과 분쟁이 일어났나이다 이러므로 율법이 해이하고 정의가 전혀 시행되지 못하오니 이는 악인이 의인을 에워쌌으므로 정의가 굽게 행하여짐이니이다(합 1:2-4).

'어느 때까지리이까'라는 말은 '보여 주십시오'라는 의미다. 영문을 몰라 답답하다는 뜻이다. 그러나 하나님은 성경을 통해서 자신에 대한 모든 것을 보여 주시지는 않는다. 대신 하나님은 성경을 통해서 예수 그리스도를 통한 우리의 구원과 성화와 영화에 대해 알려 주기를 원하신다. 그래서 우리가 그토록 궁금해하는 일상의 문제에 대해서는 별로 시원한 답이 없으시지만, 예수 그리스도를 통한 우리의 구원과 성화와 영화에 대해서는 성경 66권을 통해 되풀이해서 말씀해 주신다.

창세기는 아무리 완벽한 환경과 최고의 부와 안락함이 주어진다 해도 인간은 죄를 지을 수밖에 없는 존재이며, 예수 그리스도의 피 공로에 의한 은혜가 절대 필요한 존재임을 말해 주는 책이다.

출애굽기는 하나님이 인간을 죄의 근원지였던 애굽에서 끌고 나와 탈출시키셔도 인간은 계속해서 죄를 지을 수밖에 없는 존재이며, 그래서 더욱 예수 그리스도의 피 공로에 의한 은혜가 절대 필요한 존재임을 말해 주는 책이다.

레위기는 인간에게 아무리 정교한 법규와 법과 죄를 지을 수 없는 완벽한 장치가 주어진다 해도 인간은 죄를 지을 수밖에 없는 존재이며, 예수 그리스도의 피 공로에 의한 은혜가 절대 필요한 존재임을 말해 주는 책이다.

사사기는 인간에게 아무리 뛰어나고 능력 있는 세기적인 지도자가 주어진다 해도 인간은 죄를 지을 수밖에 없는 존재이며, 그래서 더욱 예수 그리스도의 피 공로에 의한 은혜가 절대 필요한 존재임을 말해 주는 책이다.

예레미야서는 하나님이 친히 남편이 되어 주셔도 인간은 죄를 지을 수밖에 없는 존재이며, 예수 그리스도의 피 공로에 의한 은혜가 절대 필요한 존재임을 말해 주는 책이다.

예언서 전체는 하나님이 인간에게 아무리 엄위한 예언을 쏟아 부어 주셔도 인간은 죄를 지을 수밖에 없는 존재이며, 예수 그리스도의 피 공로에 의한 은혜가 절대 필요한 존재임을 말해 주는 책들이다.

복음서 앞부분은 하나님이신 예수님이 이 땅에 오셔서 갖은 이적과 기적과 이사를 경험하게 하시고 보여 주셔도 인간은 죄를 지을 수밖에 없는 존재이며, 그래서 더욱 예수 그리스도의 피 공로에 의한 은혜가 절대 필요한 존재임을 말해 주는 책이다.

이러한 이유로 성경 66권은 모두 구원과 성화와 영화의 실행자이신 예수 그리스도께로 초점이 모아진다. 그리고 바로 이 때문에 성경은 예수 그리스도께로 최종 권위가 모아진다. 이 사실을 아는 것은 매우 중요하다. 왜냐하면 성경공부를 하다 보면 신약과 구약이 서로 상충되는 듯한 구절들이 간혹 보이기 때문이다. 같은 구약 안에서도 창세기의 기술이 다르고, 시편의 기술이 달라 보일 수 있다. 그러나 그것은 다른 것이 아니고, 상충되는 것은 더더욱 아니다. 성경은 서로 상충되지 않고, 서로 틀리게 기술된 구절도 없다. 성경은 계시인데 계시의 특징 중에 하나는 점진성이다. 시간이 필요하다는 뜻이다.

창세기는 구원과 성화와 영화의 씨앗이 뿌려진 책이므로, 구원과 성화와 영화가 아직은 씨앗의 형태로서 밖에 나타나지 않은 때다. 그것은 아브라함을 거쳐 다윗에게 가야 좀 더 확대된 형태로 나타난다. 그리고 구원과 성화와 영화의 모습은 예수님에게서 만개된다. 다시 말해, 모세오경은 예수 그리스도의 우리를 위한 구원과 성화와 영화의 계획이 씨 뿌려진 단계이고, 시가서는 움튼 단계이고, 예언서는 줄기가 나오고 잎사귀를 낸 단계이고, 열매를 맺는 것은 예수 그리스도에게서라는 말이다.

그러므로 성경을 볼 때 지금 어느 단계인가를 보지 못하면, 성경이 서로 틀리거나 상충된다고 오해하게 될 수 있다. 그러나 모든 것은 예수 그리스도께 가면 풀린다. 그래서 성경은 이렇게 단언한다.

> 너희가 성경에서 영생을 얻는 줄 생각하고 성경을 연구하거니와 이 성경이 곧 내게 대하여 증언하는 것이니라(요 5:39).

> 이는 그들로 마음에 위안을 받고 사랑 안에서 연합하여 확실한 이해의 모든 풍성함과 하나님의 비밀인 그리스도를 깨닫게 하려 함이니 그 안에는 지혜와 지식의 모든 보화가 감추어져 있느니라(골 2:2-3).

하나님이 우리에 대해 영원한 목적을 가지고 계시며, 그래서 예수 그리스도를 보내 우리의 죄를 대신해서 죽게 하셨고, 그분을 통해서 우리 인간에 대해 가지고 있는 영원한 목적을 이루어 나가고 계신다는 것을 반복해서 알려 주는 책이 성경 66권이다.

이 복음의 핵심을 알지 못하면 성경이 이해되지 않는다. 성경이 우리에게 가르쳐 주고 싶어 하는 이 내용을 명확히 이해하면 할수록 그동안 내게 뿌려진 말씀이 자라지 못하게 가로막았던 장애물들이 점차적으로 치워진다. 그러면서 내게 뿌려진 말씀의 씨가 열매를 맺어, 때가 되면 나의 행동과 일거수일투족과 성품이 예수님을 닮게 변화하는 기적이 일어나게 된다.

그러므로 올바른 성경공부란 첫째, 진리가 우리에게 들어올 때 수용할 수 있도록 우리의 마음 밭을 기경해야 하고(5차원적 교육과 삶), 둘째, 우리의 인식의 틀을 교정해서 진리가 왜곡되지 않고 있는 그대로 뿌려질 수 있도록 학습해야 한다(5차원 성경학습). 이렇게 좋은 밭에 바른 씨가 뿌려졌을 때 우리 가운데 '말씀에 이끌려 사는 삶'을 살 수 있는 열매가 맺힌다.

결단서

주님! 저 _____는 새로운 변화를 가로막는 장애물들, 즉 복음에 대한 무지, 성경을 잘못된 목표를 달성하기 위한 도구로 오용했던 것을 이제 분명히 발견했습니다. 저는 하나님의 말씀을 다음과 같은 저의 세상적 욕구들을 달성하기 위한 도구로 오용하고 있었습니다.

①
②
③
④
⑤

저는 또 하나님의 말씀에 대해 무지하며, 특별히 다음과 같은 사항에서 제가 생각해도 너무나 무지합니다.

①
②
③
④
⑤

이제 이들 장애물을 치워 버리고 성경의 목적을 실제적으로 익혀 나감으로써, 또한 제 안에 심긴 하나님의 말씀의 씨가 열매를 맺음으로써 저도 명실상부한 하나님의 사람으로 성장해 나가기를 앙망합니다. 주님! 저를 도와주시옵소서.

결단자 서명 _____

결단 일시____년____월____일

chapter 5

실전!
5차원 성경학습법

모국어로 이해하기

성경공부를 하기 위해서는 우선 자신의 모국어로 성경의 내용을 충분히 이해할 수 있는 능력을 갖추어야 한다. 성경을 충분히 이해하기 위해서는 앞에서 배운 학문의 9단계를 활용하는 것이 필요하다. 5차원 성경학습법은 성경을 읽는 데 있어서 정보의 입수, 고도화, 표출 등 3가지 과정을 함께 다루는 독서법이다.

센스 그룹 독서법, 글 분석법, 개념 심화 학습을 활용해 성경의 내용을 깊이 생각해 보고 묵상한다. 그 과정에서 정보의 재배열이 일어나고 고도화가 이루어진다. 그리고 글쓰기를 통해서 읽은 책들에 대한 자기 생각이 정리되며 논리적으로 체계화될 수 있다. 또한 추상적인 개념들이 구체화되는 과정이 일어나며, 이를 통해 읽은 말씀들이 삶에서 실천될 수 있는 바탕이 마련된다. 이와 같은 5차원 성경학습법은 학문의 9단계를 체질화시키며, 단시간 내에 지력을 향상시킬 수 있는 지름길이다.

사선 치기, 밑줄 치기, 네모 치기, 사전 찾기를 이용한 독서를 통해 센스그룹 독서, 글 분석, 개념 심화 학습이 일어나도록 한다. 이를 통해 요지, 주제, 제목을 찾아서 기록한다. 이때 요지는 읽는 사람이 중요하게 생각하는 문장이 아니라 저자가 중요하게 생각하는 문장을 말한다. 주제란 글감에 있는 여러 요지 중에서 가장 중요한 문장을 말한다. 제목은 주제를 함축한 구문을 뜻한다.

만약 자신이 읽은 성경을 바르게 이해했다면 요지, 주제, 제목이 맞을 것이다. 반면에 요지, 주제, 제목이 잘못되었다면 글을 바르게 이해하지 못한 것이다. 그러므로 매일매일 5분씩 모국어 성경을 보며 요지, 주제, 제목을 찾아 가는 훈련은 '말씀에 이끌려 사는 삶'의 첫걸음이다. 특별히 모국어로 성경을 읽을 때 사전을 항상 옆에 놓아 두는 것은 개념 심화 학습뿐만 아니라 성경 전체를 바르게 이해하고, 사랑 가운데 진리를 말하는 데큰 도움이 된다.

안구 훈련법

성경을 읽기 전에 안구 훈련을 함으로써 독서 능력을 크게 증진시킬 수 있다. 글 읽는 속도는 눈의 움직임 속도에 따라 결정된다. 눈이 빨리 움직이면 속도가 빨라진다.

안구 운동을 위해 다음에 제시한 가상의 책인 '안구 훈련표'를 연습한다. 책을 읽는 것 자체가 일종의 안구 운동이지만 내용을 이해하면서 읽다 보면 제대로 안구를 강화시킬 수 없기 때문에 일단 내용이 전혀 없고 형태만 있는 가상의 책을 사용해 눈동자만 빨리 움직이는 연습을 하는 것이다.

안구 훈련표

1차	회/분		2차	회/분		3차	회/분	

```
●  ○  ○  ○  ○  ○  ○  ○  ○  ●
○  ○  ○  ○  ○  ○  ○  ○  ○  ○
●  ○  ○  ○  ○  ○  ○  ○  ○  ●
○  ○  ○  ○  ○  ○  ○  ○  ○  ○
●  ○  ○  ○  ○  ○  ○  ○  ○  ●
○  ○  ○  ○  ○  ○  ○  ○  ○  ○
●  ○  ○  ○  ○  ○  ○  ○  ○  ●
○  ○  ○  ○  ○  ○  ○  ○  ○  ○
●  ○  ○  ○  ○  ○  ○  ○  ○  ●
○  ○  ○  ○  ○  ○  ○  ○  ○  ○
```

먼저 안구 훈련표를 보고 책을 읽듯이 동그라미를 처음부터 끝까지 쭉 따라 읽어 간다. 그리고 1분 동안 몇 회를 반복해서 읽었는지 측정해 본다. 동그라미는 하나하나에 어떤 의미가 담겨 있는 것이 아니고, 단지 눈을 움직여 운동하기 위한 것이므로 될 수 있는 한 빨리 눈을 움직이는 것이 중요하다. 그러나 이 훈련은 안구 운동을 통해 근육을 강화시키는 것이기 때문에 빨리 하려고 지나치게 욕심을 부려서는 안 된다. 동그라미 줄을 빨리 훑으면서 읽되 정확하게 해야 한다. 지나치게 속도에만 초점을 맞추면 눈만 지치게 된다. 느리더라도 한 줄 한 줄 정확하게 훑어 내려가야 한다.

안구 훈련을 하루도 빠뜨리지 않고 3분씩 꾸준히 계속하면 빠른 시간 내에 독서 능력을 증진할 수 있다. 1개월 이상 훈련했을 경우, 대부분 1분에 10회 이상을 읽을 수 있게 된다. 그 결과, 독서 속도가 이미 1,200자 이상을 확보한 수준이 되는 셈이다.

실제로 안구 운동을 해 보자. 다음 표를 보고 1분 동안 전체를 몇 회 반복했는지 기록해 보라. 3차까지 시도하고 매번 그 결과를 안구 훈련표에 적으라.

안구의 근육이 강화되어서 부드럽게 안구를 움직일 수 있게 되면, 책을 읽을 때 마치 내리막길을 달리는 듯 시원한 기분을 느낄 수 있다. 안구가 훈련되지 않았을 때는 헉헉거리며 오르막길을 오르는 것처럼 책을 읽는 것 자체가 피곤하고 힘들었지만, 안구의 움직임이 부드러워지면 그런 현상이 사라지고 글 읽는 동작들이 쉽고 재미있어진다. 따라서 독서 속도가 빨라지는 것은 당연하다.

외국어로 이해하기

모국어 성경을 읽고 난 후 외국어로 된 성경을 읽으면 성경을 바르게 이해하는 데 큰 도움이 된다. 외국어 성경이란 어떤 사람에게는 히브리어 성경이 될 수도 있고, 헬라어 성경, 독일어 성경이 될 수도 있다. 그러나 현실적으로 가장 가능한 것은 영어 성경이다.

우리가 외국어를 잘할 수 있다는 것은 매우 중요한 의미를 가진다. 예를 들어, 한국어가 인간이 가지고 있는 교육에 대한 지식을 60% 정도 담고 있다고 하자. 만약 우리가 한국어밖에 모른다면 교육의 문제에 있어서 60%의 지식밖에 접근하지 못한다. 그런데 만일 영어가 교육에 대한 지식을 90% 정도 담고 있다고 가정해 보자. 한국어만 알다가 영어를 알게 되면 접근할 수 있는 지식의 폭이 그만큼 넓어질 것이다. 어떤 주제에 대해 60%의 지식을 갖고 연구하는 사람과 90%의 지식을 갖고 연구하는 사람

사이에는 근본적인 실력 차이가 있을 수밖에 없다.

　이것은 교육의 문제에만 국한되는 것이 아니라 전문 경영인은 물론 과학, 문화, 예술, 심지어 가정생활에 이르기까지 우리 삶의 모든 영역에 연결된다. 성경공부도 마찬가지다. 모국어만 아는 사람과 영어를 알고 이해할 수 있는 사람은 성경의 의미를 해석하고 이해하는 데 차이가 있다. 요한복음 3장 16절의 모국어 성경과 영어 번역본 중 NIV 번역을 병렬적으로 비교해서 읽어 보자.

> (개역개정 성경) 하나님이 세상을 이처럼 사랑하사 독생자를 주셨으니 이는 그를 믿는 자마다 멸망하지 않고 영생을 얻게 하려 하심이라.
>
> (NIV) For God so loved the world that he gave his one and only Son, that whoever believes in him shall not perish but have eternal life.

　성경은 본래 여러 언어로 번역되는 과정을 거쳤다. 그렇기 때문에 모국어로만 보는 것보다 동시에 영어 성경을 보면 성경을 이해하는 데 많은 도움이 된다. 즉 영어로 성경을 읽게 되면 우리말과 다른 또 하나의 언어가 주는 풍성함을 느낄 수 있고, 하나님의 말씀의 본래적인 의미에 더 근접할 수 있다. 바로 이러한 이유 때문에 성경을 상고할 때는 가능하면 영어 번역본과 한국어 번역본이 나란히 나와 있는 성경책을 택하는 것이 좋다.

　그런데 이렇게 유익한 영어 성경 읽기를 우리는 왜 실행하지 못하고 있는가? 한국 초중고에서 배운 정도의 영어 학습량이면 한국인 누구나 충분히 영어 성경을 읽을 수 있다. 하지만 우리 중 대부분은 영어 성경 읽기를 시도하지 못하고, 시도를 했더라도 곧 포기한다. 그 이유는 자기 안에 그럴 만한 능력이 있다는 것을 깨닫지 못했기 때문이다. 앞으로 설명할 '센스 그룹 독서법'과 '어휘력 상상법'만 바르게 익히면 누구나 영어 성경을 읽는 것이 가능하다.

사고 구조 변환법

영어를 잘하는 데는 방법이 매우 중요하다. 우리는 그동안 영어 학습에 많은 시간을 투입했다. 그러나 실제로 열매를 거두는 데는 성공하지 못했다. 그 이유는 영어를 영어로 생각하는 힘을 기르는 데 실패했기 때문이다. 영어를 가르치는 사람들은 영어를 영어로 생각해야 한다고 말한다. 그리고 중국어를 가르치는 사람들은 중국어를 중국어로 생각해야 한다고 말한다. 이 말은 사고 구조를 변환해야 한다는 말이다..

사고 구조를 변환하기 위해서는 외국인의 사고 구조를 정확하게 알아야 한다. 한 예로 미국인들은 어떤 방식으로 생각하는가? 미국인들은 항상 '주어(S)+동사(V)' 순으로 이야기한다. 주어와 동사를 사용한 후에 궁금한 내용을 말한다. 그런데 그 궁금한 내용이 한국 인들이 생각하는 것과 다르다.

예를 들어 "I gave"라고 말하고 나서 한국인들에게 어떤 것이 궁금한지 물어보면 '무엇'(what)을 주었는지 궁금하다고 말한다. 그런데 미국인들의 경우 '누구에게'(whom) 주었는지를 궁금해한다. 그다음에야 무엇을 주었는지 궁금해한다. 그래서 미국인들은 "I gave my mother an apple"(나는 내 어머니께 사과를 드렸다)이라고 말하는 것이다. 그리고 이어서 '어디에'

(where), '왜'(why), '어떻게'(how), 그리고 '언제'(when) 등의 순서로 생각한다. 이것이 바로 영어를 사용하는 사람들의 사고 구조다.

따라서 미국인들은 "나는(S)/ 갔다(V)/ 가게에(where)/ 음식을 사러(why)/ 버스를 타고(how)"라고 말한다. 그런데 한국인들은 "나는(S)/ 버스를 타고(how)/ 음식을 사러(why)/ 가게에(where)/ 갔다(V)"라고 말한다. 한국인들은 주어를 이야기한 후 이어서 미국인들이 나중에 궁금해하는 '어디에', '왜', '어떻게', '언제' 등의 부사어를 이야기하고, 그다음에 '누구에게'와 '무엇'을 이야기하고, 마지막에 동사를 사용한다. 이와 같이 영어를 사용하는 사람들과 한국어를 사용하는 사람들은 서로 완전히 거꾸로 생각하는 사고 구조를 가지고 있다.

그런데 중국인들은 또 다른 사고 구조를 가지고 있다. 그들은 주어를 이야기한 후에 한국인들처럼 '어디에', '왜', '어떻게', '언제' 등의 부사어를 이야기한다. 그다음은 영어처럼 동사를 먼저 사용하고, 이어서 '누구에게'와 '무엇'을 말한다. 다시 말해, 중국인들은 한국어를 쓰는 사람들과 영어를 쓰는 사람들의 중간적인 사고 구조를 가지고 있는 것이다.

각 언어를 살펴보면 다양하고 복잡한 언어 구조를 갖고 있는 것 같지만 모든 언어는 일반적으로 소위 '1대 원리'라고 불리는 한 가지 형태(pattern)로 표현될 수 있다. 따라서 이 한 가지 형태를 완전히 이해하면 그 언어의 사고 구조를 익힐 수 있다. 다른 언어의 구조를 이해하고 그 언어의 사고 구조로 변환함으로써 언어 수용성이 높아져 짧은 시간에 효과적으로 외국어를 습득할 수 있다.

영어의 1대 원리

주어(S)+**동사(V)**+목적어(whom/what)+부사어(where/why/how/when 등)

중국어의 1대 원리

주어(S)+부사어(when/where/why/how 등)+**동사(V)**+목적어(whom/what)

한국어의 1대 원리

주어(S)+부사어(when/how/why/where 등)+목적어(whom/what)+**동사(V)**

한국인들 중에 많은 사람이 일본에 가서 약 6개월 정도 보내면 일본어를 유창하게 사용한다. 그런데 미국인들 중에서 3-4년을 일본에서 살았으나 일본어에 매우 서툰 사람들을 종종 볼 수 있다. 그 이유는 일본어의 어순이 한국어의 어순과 거의 동일하기 때문이다. 한국인들은 사고 구조의 변환 없이도 단어만 알면 쉽게 일본어를 구사할 수 있는 반면, 미국인들은 어순이 서로 반대여서 사고 구조의 변환이 용이하지 않다.

이처럼 다른 나라의 언어를 배우기 어려운 이유는 언어 자체가 어려워서라기보다는 각 언어가 가지고 있는 구조가 다르기 때문이다. 따라서 다른 언어의 사고 구조를 먼저 체득하고 난 후 언어를 배우면 누구나 쉽고 빠르게 외국어를 배울 수 있다.

그런데 우리는 언어의 사고 구조에 대한 이해가 약하다 보니 구조의 변환 훈련 없이 단순히 번역 등을 통해서 영어 공부를 해 왔다. 한국인이 영어를 쓰는 사람들에게 말하는 패턴은 다음과 같이 획일적이다. 첫째, 먼저 무슨 말을 할 것인지 한국어로 생각한다. 둘째, 영어로 작문한다. 셋째, 작문한 것을 말한다. 즉 영어를 쓰는 외국인과 말하기 위해서는 3단계를 거쳐야 한다.

여기에는 많은 문제가 있다. 일단 한국어로 정리하는 데 시간이 걸린다. 작문하는 데 또 시간이 걸린다. 작문했다고 해서 말할 수 있는 것도 아니다. 말하는 데도 시간이 걸린다. 그래서 외국인이 한국인에게 영어 한마디를 들으려면 많은 인내심을 가져야 한다.

이것은 글을 읽을 때도 마찬가지다. 처음부터 문장을 전부 다 읽고 난 후에 해석하겠다고 한다. 구조가 다르므로 문장 뒤에서 거꾸로 해석하기도 하고, 문장의 앞뒤로 왔다 갔다 하면서 해석하기도 한다. 그러다 보면 해석이 되기는 한다. 그러나 이것은 영어를 영어로서 이해한 것은 아니다. 그저 단어의 뜻을 알고 반복해서 읽다 보면 나올 수 있는 문장의 뜻이 하나밖에 없기 때문에 해석된 것뿐이다.

그러므로 영어를 바르게 잘할 수 있는 방법은 사고 구조를 변환할 수 있는 독서법을 익히는 것이고, 아울러 새로 만난 어휘를 잘 익힐 수 있는 방법을 아는 것이다.

센스 그룹 독서법

의미 단위대로 사선을 치면서 읽는 센스 그룹 독서법은 사고 구조를 변환할 수 있는 독서 방법이다. 의미 단위란 글을 읽어 가면서 한 번에 이해할 수 있는 단위를 말한다. 글을 읽으면서 의미 단위라 생각되는 부분을 사선을 치면서 읽어 가는 것이다. 사선을 친 다음에는 그 부분의 뜻을 생각하고, 그다음 부분에 다시 사선 치기를 하고 뜻을 생각하는 과정을 반복하면서 읽어 간다. 실례로 요한복음 1장 1-3절에 사선 치기를 해 가면서 센스 그룹 독서를 해 보자.

> In the beginning was the Word, and the Word was with God, and the Word was God. He was with God in the beginning. Through him all things were made; without him nothing was made that has been made.

> In the beginning 태초에/ was the Word 말씀이 있었다./ and the Word 그리고 그 말씀이/ was with God 하나님과 함께 있었다./ and the Word 그리고 그 말씀은/ was God 하나님이셨다./ He was with God 그는 하나님과 함께 있었다./ in the beginning 태초에/ Through him 그를 통해/ all things 모든 것이/ were made 만들어졌다./ without him 그가 없이는/ nothing was made 만들어진 것이 아무것도 없었다./ that has been made 이미 만들어진 것들의./

사선을 치면서 의미 단위대로 읽어 가는 훈련이 몸에 배면 문장 전체를 다 읽고 다시 처음부터 번역해 나갈 필요가 없어진다. 왜냐하면 자신이 이해되는 의미 단위까지만 끊고 뜻을 생각하면서 읽기 때문이다. 이러한 방식으로 사선을 치면서 의미 단위 순으로 접근하면 영어를 아주 쉽게 이해하면서 읽을 수 있다.

어휘력 상상법

여기서 해결해야 할 또 다른 문제가 있다. 모르는 단어가 나올 때다. 우리는 보통 영어 문장을 읽다가 모르는 단어가 나오면 바로 사전을 찾는다. 그런데 단어를 모른다고 해서 그때그때 사전을 찾아보게 되면 시간을 많이 빼앗겨서 많은 문장을 읽을 수 없다. 결국은 사전만 찾다 말게 된다. 그러다 보니 영어에 흥미를 갖지 못하고, 내용도 파악하지 못하고, 영어 실력도 늘지 않는다.

모르는 단어가 나올 때는 바로 사전을 찾지 않고, 대신에 네모 치기를 한다. 그리고 그 의미를 상상해 본다. 예를 들면, 영어 성경을 읽으면서 "Jesus began to teach in the synagogue, and many who heard him were amazed"라는 문장을 만났을 때 'synagogue'라는 단어를 한 번도 본 적이 없고 알지 못한다고 하자. 그러면 일단 "Jesus began to teach in the synagogue, and many who heard him were amazed"라고 네모를 친다.

그런데 한글 성경에 익숙한 사람이라면 처음 보는 단어라도 성경의 내용을 어느 정도 파악하고 있기 때문에 상상으로 이 단어가 '회당'을 뜻한다는 것을 알게 된다. 예수님이 말씀을 전하신 장소는 몇 군데로 정해져 있다. 배, 언덕, 물가, 회당 등이다. 그래서 "예수께서 'synagogue' 안에서 가르치기를 시작하셨다"라는 문장에서 'synagogue'를 읽고서 예수님이 가르치신 곳이 배도 아니고, 물가도 아니고, 언덕도 아니면 바로 회당이라고 상상할 수 있는 것이다.

이처럼 상상력을 통해서 모르는 단어들의 의미를 추측하고 이해하면서 성경을 읽게 되면 같은 시간에 많은 양의 내용을 볼 수 있고, 상상력을 동시에 향상시킬 수 있다. 인지언어학적으로, 상상력은 우리에게 큰 지적 능력의 향상을 가져다준다. 왜냐하면 상상력이란 두뇌의 고도의 지적 활동이기 때문이다.

사선 치기와 네모 치기를 활용해서 영어 성경공부를 하면 얻을 수 있는 열매들이 많다. 우선, 하나님의 말씀을 더욱 폭넓게 이해하는 풍성함을 누릴 수 있다. 또한 영어 성경은 그리 쉬운 문장이 아니기에, 영어 성경을 이해할 수 있을 정도면 어떤 영어책을 보더라도 그리 어렵지 않게 영어 문장을 이해할 수 있게 된다. 이처럼 영어 성경은 우리에게 귀한 진리의 말씀을 깨닫게 해 줄 뿐 아니라 부수적으로 영어 능력을 향상시키는 데 더할 나위 없이 좋다.

영어 성경을 모국어 성경과 함께 읽게 되면 우리를 향한 하나님의 신실하심과 우리 인생에 사랑으로 간섭해 주시는 하나님의 손길을 확인하는 시간을 늘려 갈 수 있으리라 확신한다. 또한 영어로 사랑 가운데 하나님의 진리를 말할 수 있는 능력을 갖게 될 것이다.

도식화로 이해하기

도식화법은 의사 전달에서 가장 유용한 방법으로, 우리의 두뇌 구조에 맞는 표현 방식이다. 지식의 표출 방식으로서 글로 표현하는 단계를 넘어 사건의 내용을 그림, 도표, 선 등으로 표시함으로 지적 능력을 향상시킬 수 있다.

도식화를 통한 효과적인 표현 방식은 다음 3가지 내용을 갖추어야 한다. 첫째, 쉽게 표현해야 한다. 이를 위해서는 자신이 내용을 충분히 이해해야 하며, 이해한 내용을 논리적으로 나타내야만 한다. 둘째, 간결하게 표현해야 한다. 간결함은 내용을 함축할 수 있을 때 가능하다. 셋째, 깊이가 있어야 한다. 이는 본질적인 내용을 다루어야 한다는 의미다. 이를 위해서 고공 학습 원리, 상관관계 원리, 조직화 능력, 개념 심화 및 함축 원리, 재검토 원리 등을 적용해야 한다.

고공 학습 능력

고공 학습법이란 지도를 그릴 때 비행기에서 아래를 내려다보면서 작업을 하듯, 어떤 정보를 처리할 때 높은 데서 보고 전체를 꿰뚫는 법칙을 찾아가는 방법이다. 그리고 이때 만든 표가 바로 '고공표'다. 고공표를 만드는 목적은 전체적인 내용을 한눈에 보기 위함이기에 자신이 본 내용을 한 장의 표로 만드는 것이 원칙이다.

고공표를 작성하는 것은 자기의 능력과 성격에 꼭 맞는 맞춤옷을 만드는 것과 같으므로 만드는 데 시간이 필요하다. 일단 작성한 표를 이용하면 정보를 더 빨리 정리할 수 있기 때문에 전체적으로 볼 때 훨씬 효과적이다. 이때는 가장 눈에 쉽게 띄는 부분부터 표현한다. 자주 반복되거나 매우 큰 비중을 차지하는 것들이다. 다시 말해, 글이나 말 중에서 가장 중심적이고 핵심적인 내용을 찾아내서 우선적으로 표현해야 한다.

고공표의 모양은 여러 가지 방식으로 자유롭게 활용할 수 있으나, 크게 3가지로 나누어 볼 수 있다. 첫째, 가장 일반적으로 쓰이는 형식으로, 내용을 자신의 말로 정리하는 것이다. 이때 표는 직선의 사각 표가 될 수도 있고, 공부한 내용과 관계있는 그림틀이 될 수도 있다. 둘째, 단원 제목이나 중심어를 종이 가운데 쓰고 가지를 치며 내용을 적어 넣는 지도 방식이다. 셋째, 내용을 간단한 그림으로 나타낼 수도 있다.

상관관계 학습 능력

전체를 이루고 있는 각각의 부분은 유기적인 관계로 연결되어 있다. 따라서 고공표를 만들어 전체를 본 이후 할 일은 각 부분이 어떤 유기적 관련성을 맺고 있는지 그 연결 고리를 찾아내는 일이다. 다시 말해, 가장 핵심 부분이 표현된 다음에는 이와 가장 상관관계가 높은 자료부터 표현해야 한다.

상관관계란 자료 사이에 서로 공통점이 있거나, 근본적으로 다르거나, 또 다른 연관성이 있는 것을 말한다. 다른 자료와 연결 고리가 많을수록 중요한 정보다. 왜냐하면 한 가지 정보를 알게 되면 그와 연관된 다른 정보들도 쉽게 이해할 수 있기 때문이다. 그러므로 이런 정보들을 먼저 찾아 표현하는 것은 지식의 표출 단계에서 매우 중요하다.

조직화 능력

여러 사람을 만나면서 100개의 전화번호들을 만난 순서대로 수첩에 적어 놓았다. 어느 날 시간을 내서 전화번호들을 김씨는 김씨대로, 이씨는 이씨대로, 최씨는 최씨대로 분류해 정리했다. 이렇게 분류된 100개의 전화번호들은 만난 순서대로 적어 놓은 100개의 전화번호들에 비해 더 큰 가치를 갖게 된다. 즉 같은 정보라도 어떻게 분류해 조직화했느냐에 따라 가치가 크게 변하는 셈이다. 그러므로 표출하기로 결정한 자료들을 각각의 특성에 따라 재분류하고 조직화해 지적 가치를 높여야 한다.

개념 심화 및 함축 능력

표현하고자 하는 자료를 문장에서 구절로, 더 압축해 하나의 단어로 만들 수 있는 함축 능력이 필요하다. 특별히 표나 그림으로 표현할 때는 함축 능력이 더 필요하다. 여기서 함축이란 단지 크기를 줄이는 것을 의미하지 않는다. 그 안에 내용이 압축되어 있어야 하며, 그것을 다시 풀 때 내용들이 복원될 수 있어야 한다.

컴퓨터로 대량의 정보를 특정 프로그램에 저장했다가 다시 풀어서 쓰는 것처럼 우리도 정보들을 그림, 표 등의 방식으로 압축해 효과적으로 표출시킬 수 있다. 다음은 5차원 전면교육법을 그림을 이용해 함축한 자료다.

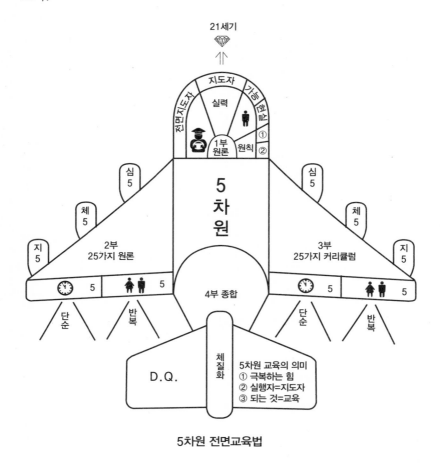

5차원 전면교육법

재검토 능력

표출된 자료들은 재검토가 필수적이다. 이 과정을 통해 핵심적 자료가 제대로 선별되었는가, 더 중요한 상관관계를 가진 자료들이 있는데 혹 빠뜨린 것은 아닌가, 바르게 분류되었는가를 재검토해야 한다. 책을 교정해 본 경험이 있는 사람은 몇 번을 읽었는데도 계속 반복해서 틀리는 부분이 있다는 사실을 알게 된다. 그 이유는 이전부터 가지고 있었던 지적 습관들, 즉 선입관과 같은 사고 체계가 자료들을 왜곡시킴으로써 틀린 것들을 잘 찾아내지 못하게 하기 때문이다.

그러므로 글을 쓰거나, 말을 하거나, 또는 그림으로 표현하는 등 어떤 자료들을 표출할 때는 준비된 자료들을 재검토해 자신이 가진 사고 체계 중 왜곡된 부분을 찾아내고, 사고 체계를 재정립하는 기회로 삼아야 한다. 이때 반복되는 실수들을 유형별로 정리해 놓으면 자신의 지적 단점을 크게 줄여 갈 수 있다.

지금까지의 훈련 방식을 통해 자신에게 입수된 정보를 고도화하고 도식화까지 할 수 있다. 성경 전체가 이야기하는 핵심 내용을 알게 될 것이다. 즉 성경이 하나님의 사랑과 작정, 은혜와 믿음, 구원과 칭의, 거룩과 성화, 통일과 영광이라는 감격스러운 이야기임을 더욱 깊이 인식하게 될 것이다.

자연 세계 이해하기

자연을 바로 이해하면 하나님과 하나님의 말씀을 이해하는 데 큰 도움이 된다. 왜냐하면 하나님은 자연을 통해서도 자신을 나타내시기 때문이다.

> 창세로부터 그의 보이지 아니하는 것들 곧 그의 영원하신 능력과 신
> 성이 그가 만드신 만물에 분명히 보여 알려졌나니 그러므로 그들이
> 핑계하지 못할지니라 (롬 1:20).

이 말씀은 하나님이 만드신 만물, 곧 자연 세계에는 하나님의 창조주 되
심이 분명히 나타나 있다는 것을 증거해 준다. 그러므로 자연 세계를 바르
게 이해하면 하나님을 잘 알 수 있으며 진리를 깨닫는 데 큰 도움이 된다.
들에 핀 백합화만 봐도 하나님이 얼마나 완벽하게 우리의 도움이 되시는
지를 이해할 수 있다.

> 또 너희가 어찌 의복을 위하여 염려하느냐 들의 백합화가 어떻게 자
> 라는가 생각하여 보라 수고도 아니하고 길쌈도 아니하느니라 그러
> 나 내가 너희에게 말하노니 솔로몬의 모든 영광으로도 입은 것이 이
> 꽃 하나만 같지 못하였느니라 오늘 있다가 내일 아궁이에 던져지는
> 들풀도 하나님이 이렇게 입히시거든 하물며 너희일까 보냐 믿음이
> 작은 자들아 그러므로 염려하여 이르기를 무엇을 먹을까 무엇을 마
> 실까 무엇을 입을까 하지 말라 (마 6:28-31).

또한 하나님이 지으신 산을 보면서는 왜 하나님만이 우리에게 유일한
피난처가 되시는지 알게 된다.

내가 산을 향하여 눈을 들리라 나의 도움이 어디서 올까 나의 도움은 천지를 지으신 여호와에게서로다 (시 121:1-2).

우리가 전도할 때 가장 중요한 것은 하나님의 복음의 내용을 전하는 것이다. 그보다 더 중요한 것은 없다. 그러나 오늘날은 무신론적이고 진화론적인 시대정신으로 가득 차 있어서 이를 거부하는 사람들이 많다. 그런데 그들에게 자연 세계에 대한 바른 사실들을 알려 주고 깨닫도록 도와주면 자연 세계에 나타난 사실들이 하나님이 없다고 핑계하지 못할 증거들이 되어 마음을 열어 주기도 한다.

자연 세계에 나타난 하나님의 신성과 계시들을 드러내는 일은 과학자들이 해야 하지만, 실제로 그 사실을 알고 전해야 하는 사람은 그리스도인이다. 신자라면 누구나 해야 할 마땅한 의무다. 이과 대학생들이나 과학을 전공한 사람들만 과학 기술에 대한 깊은 이해가 필요한 것이 아니다. 그리스도인은 누구나 하나님을 알려 주는 좋은 도구로서 자연 세계를 이해해야 한다. 자연 세계를 잘 이해하고 아는 것이 곧 구원에 이르게 하지는 않지만 하나님을 알도록 돕는 도구가 될 수는 있다.

자연 세계를 바르게 이해하는 능력을 향상시키기 위해 객관화와 주관화 훈련을 해 보자. 하나님이 창조하신 자연 세계를 잘 설명해 주는 글을 읽고, 우선 그 글이 이야기하고 있는 바를 객관적으로 정리한다. 이때는 개인적인 느낌이나 생각을 배제하고 순전히 저자가 말하는 바를 요약한다. 그러고 난 후 새롭게 알게 된 사실이나 개인적인 생각, 또는 느낌을 중심으로 주관화를 한다.

이 훈련을 통해 편견이나 선입견 없이 사물을 보고, 이해하고, 그에 대한 개인적인 평가나 비평의 힘을 키우고, 그 힘으로 자연 세계를 바르게 이해함으로써 그곳에 나타난 하나님의 권능을 바르게 알 수 있다.

말씀대로 순종하기

우리는 말씀을 듣고 배우는 당시에는 마음이 감동해 그 말씀대로 순종하며 살기를 다짐하고 결심한다. 그럼에도 불구하고 막상 말씀에 순종하는 삶을 살려면 쉽지 않음을 깨닫게 된다. 그 이유는 추상적인 개념을 구체화하는 힘이 부족하고, 상황을 바르게 해석할 수 있는 능력이 약하기 때문이다.

추상적인 개념의 구체화 능력

추상적인 개념이 구체화된다는 것은 입수된 진리가 내 삶에 구체적으로 나타나는 것을 말한다. 다시 말해, 우리가 좋은 설교를 듣고 '좋다', '마음이 후련하다', '감동적이다'라고 느끼는 데서 변화가 생기는 것이 아니라 그 감동을 구체화할 때 비로소 삶의 변화가 일어난다는 뜻이다.

이를 위해서는 감동받은 하나님의 말씀이 의미하는 바가 구체적으로 무엇인지, 그 말씀이 나에게 어떤 의미가 있는지, 그 말씀에 비추어 본 나의 생각이나 행동 가운데 잘못된 점은 무엇인지, 말씀에 순종했을 때 일어나는 결과는 무엇인지 등을 적어 보는 것이 중요하다. 실례를 들어 보면 다음과 같다.

(은혜 받은 말씀) 말씀을 멸시하는 자는 자기에게 패망을 이루고 계명을 두려워하는 자는 상을 받느니라(잠 13:13).

(구체화) 아무리 이득을 보는 일이어도 하나님의 말씀에 어긋난다면 손도 대지 않겠다. 반면 아무리 손해 보는 일이어도 하나님의 말씀에 맞으면 믿음으로 하겠다.

이처럼 감동받은 말씀을 자기의 언어로 다시 적으면 자기 삶에 적용할 수 있는 구체화의 힘이 생기고, 말씀에 순종하는 변화를 맞이하게 된다.

상황 해석 능력

성경공부의 가치는 현재, 이 시간, 이 장소에서 나 자신에게 일어난 상황이 자신의 생각이 아니라 성경에 의해 해석될 때 두드러지게 나타난다. 일반적으로 어떤 상황이 발생하면 사람들은 자신의 가치관과 세계관에 근거해 그 상황을 해석한다. 그리고 그것을 기준으로 삶을 교정하며 살아간다. 하지만 그리스도인은 다르다. 자신의 생각으로는 받아들이기 어렵고 이해되지 않는 상황이라 할지라도 성경으로 해석된다면 그 안에서 놀라운 진리를 깨닫는다.

성경 속 많은 인물은 자신에게 부딪친 상황을 성경으로 해석함으로 놀라운 기적들을 만들어 냈다. 바울은 우리가 알기에 더할 나위 없이 훌륭한 그리스도인이다. 하지만 그의 고백은 너무나 충격적이다.

죄인 중에 내가 괴수니라(딤전 1:15).

이처럼 죄인이 신약의 매우 중요한 책들을 썼다. 바울은 죄인의 삶 가운데서도 부딪치는 수많은 상황을 성령님 안에서 예수님의 말씀에 근거해

해석했고, 그 상황의 해석들이 성경책을 이루었다. 말씀은 중요하다. 그리고 그 말씀을 가지고 현재 자신에게 일어난 상황을 해석하는 것 역시 매우 중요하다. 성경적 상황 해석 과정을 통해 죄인이며 보잘것없는 자신조차도 '말씀이 이끄는 삶'으로 인도될 것이기 때문이다.

그런 의미에서 매일매일 자신에게 일어나는 상황들을 지나치지 않고 민감하게 살피며 말씀 가운데 비추어 보고 해석하려는 노력은 그리스도인의 삶에 필수적인 과정이다. 바른 해석을 위해 성령님의 도우심을 간구하는 우리의 기도는 더욱 절실해질 수밖에 없다. 이를 통해 우리는 자기 몸을 산 제물로 하나님께 드리며, 자신이 죄인이라는 것과 오직 예수님만 자랑해야 하는 존재임을 인식하게 될 것이다.

우리가 말씀을 어떻게 적용할지를 찾는 것이 아니라 말씀이 우리 안에서 일하게 해야 한다. 즉 성령에 의한 '말씀이 이끄는 삶'을 살아가야만 한다. 그때만 말씀이 열매를 맺어서 자신의 나약함을 인식하고 오직 예수님만 의지하며 살아갈 수 있다.

5차원 성경학습법의 구조

모국어로 이해하기	요지	목표 : 사랑 안에서 진리를 말하기
모국어로 **이해하기** 센스 그룹 독서 개념 심화 학습 및 사전 찾기 글 분석	요지 주제 제목	목표 : 사랑 안에서 진리를 말하기
외국어로 **이해하기** 센스 그룹 독서 단어 상상하기 글 분석	요지 주제 제목	목표 : 영어로 사랑 안에서 진리를 말하기
도식화로 **이해하기** 고공 학습 상관관계 학습	고공표	목표 : 성경의 핵심 요소 확인하기 (사랑과 작정/은혜와 믿음/구원과 칭의/거룩과 성화/통일과 영광)
자연 세계 **이해하기** 객관화, 주관화하기	객관화 주관화	목표 : 자연 만물이 하나님을 나타 냄을 인식하기
말씀대로 **순종하기** 추상적 개념의 구체화 말씀으로 상황 해석하기	상황 해석 기도하기	목표 : 예수님의 이름으로 기도하기 내 몸을 산 제물로 드리기 죄인임을 고백하기 예수님만 자랑하기

5차원 성경학습법에 의한 공과 커리큘럼

학기	과	설교 내면화	5차원 교육(밭)	성경 학습(씨)
1학기	1과	신구약 이해	5차원적 삶	속해 독서법/센스 그룹 독서법
	2과	신구약 이해	5차원적 삶	속해 독서법/센스 그룹 독서법
	3과	신구약 이해	5차원적 삶	속해 독서법/이미지 독서법
	4과	신구약 이해	5차원적 삶	속해 독서법/이미지 독서법
	5과	신구약 이해	5차원적 삶	글 분석법
	6과	신구약 이해	5차원적 삶	글 분석법
	7과	신구약 이해	5차원적 삶	개념 심화 학습/사전 찾기
	8과	신구약 이해	5차원적 삶	개념 심화 학습/사전 찾기
	9과	신구약 이해	5차원적 삶	글 감상법
	10과	신구약 이해	5차원적 삶	글 감상법
	11과	신구약 이해	5차원적 삶	고공 학습법과 상관관계 학습법
	12과	신구약 이해	5차원적 삶	고공 학습법과 상관관계 학습법
2학기	1과	신구약 이해	5차원적 삶	5차원 성경학습법 1 ① 모국어로 이해하기
	2과	신구약 이해	5차원적 삶	5차원 성경학습법 2 ② 외국어로 이해하기
	3과	신구약 이해	5차원적 삶	5차원 성경학습법 3 ③ 도식화로 이해하기
	4과	신구약 이해	5차원적 삶	5차원 성경학습법 4 ④ 자연 세계 이해하기
	5과	신구약 이해	5차원적 삶	5차원 성경학습법 5 ⑤ 말씀대로 순종하기
	6과	신구약 이해	5차원적 삶	신약과 구약(언약)
	7과	신구약 이해	5차원적 삶	성경의 DNA(5가지 핵심 요소)
	8과	신구약 이해	5차원적 삶	성경의 이해 1 ① 사랑과 작정 ② 은혜와 믿음
	9과	신구약 이해	5차원적 삶	성경의 이해 2 ③ 구원과 칭의 ④ 거룩과 성화
	10과	신구약 이해	5차원적 삶	성경의 이해 3 ⑤ 통일과 영광(교회와 하나님 나라) ⑥ 구원과 죄

	11과	신구약 이해	5차원적 삶	성경의 이해 4 ⑦ 구원과 고난 ⑧ 사랑
	12과	신구약 이해	5차원적 삶	성경의 이해 5 ⑨ 말씀이 이끄는 삶 ⑩ 전도와 선교
3학기	1과	신구약 이해	5차원적 삶	언어의 1대 원리(잠 1-3장)
	2과	신구약 이해	5차원적 삶	언어의 1대 원리(잠 4-6장)
	3과	신구약 이해	5차원적 삶	발성 구조 변환법(잠 7-9장)
	4과	신구약 이해	5차원적 삶	영어의 5소 원칙(잠 10-12장)
	5과	신구약 이해	5차원적 삶	영어의 5소 원칙(잠 13-15장)
	6과	신구약 이해	5차원적 삶	센스 그룹 독서법(잠 16-18장)
	7과	신구약 이해	5차원적 삶	센스 그룹 독서법(잠 19-21장)
	8과	신구약 이해	5차원적 삶	3단계 작문법(잠 22-24장)
	9과	신구약 이해	5차원적 삶	3단계 작문법(잠 25-27장)
	10과	신구약 이해	5차원적 삶	한영 성경 독서법 1(잠 28-31장)
	11과	신구약 이해	5차원적 삶	한영 성경 독서법 2 하나님의 역사
	12과	신구약 이해	5차원적 삶	한영 성경 독서법 3 예수님의 역사
4학기	1과	신구약 이해	5차원적 삶	창세기
	2과	신구약 이해	5차원적 삶	출애굽기
	3과	신구약 이해	5차원적 삶	여호수아
	4과	신구약 이해	5차원적 삶	사사기
	5과	신구약 이해	5차원적 삶	사무엘상·하
	6과	신구약 이해	5차원적 삶	열왕기상·하
	7과	신구약 이해	5차원적 삶	역대상·하
	8과	신구약 이해	5차원적 삶	마태복음
	9과	신구약 이해	5차원적 삶	마가복음
	10과	신구약 이해	5차원적 삶	누가복음
	11과	신구약 이해	5차원적 삶	요한복음
	12과	신구약 이해	5차원적 삶	성령님의 역사

5차원 성경학습법의 결과

영역	역량	삶의 내용	열매
지력	참과 거짓을 구별함	성경 읽기	사랑 안에서 하나님의 진리를 말함
심력	진리를 내면화함	기도하기	기도로 오직 예수님만 의지함
체력	진리를 실행함	운동하기	성령 안에서 몸을 산 제물로 드림 (탐욕을 게으름을 인식함)
자기 관리력	에너지를 바른 곳에 분포시킴	일기 쓰기 (십일조)	죄인임을 인식함 (내가 나그네의 삶을 살지만 하나님 나라의 대사임을 인식)
인간 관계력	다른 사람 중심의 삶을 살게 됨	편지 쓰기 (은밀한 봉사)	예수님의 십자가만 자랑함

내게 뿌려진 말씀의 씨가 열매를 맺으면

예수님을 닮은 성품으로 변화하는 기적이 일어난다.

Five Dimentional Talent Education

PART 04

모든 교육의 기초는
예수 그리스도다

내가 곧 길이요 진리요 생명이니 나로 말미암지 않고는 아버지께로 올 자가 없느니라(요 14:6).

chapter 1

물통 밑바닥의
중요성

지금까지 우리는 지력, 심력, 체력, 자기관리력, 인간관계력 등 5가지 요소에 대한 커리큘럼을 다루어 보았다. 이 요소들은 최소량의 법칙에서 살펴본 것처럼, 여러 개의 나무 조각들로 구성된 물통에서 나무 조각 역할을 한다. 나무 조각이 한 부분이라도 부러져 있으면 아무리 물을 많이 부어도 부러진 나무 조각의 높이까지만 물이 채워질 뿐이다. 다시 말해, 물은 물통을 이루고 있는 나무 조각의 최소 높이까지만 채워지는 것이다.

그러나 5개의 나무 조각이 모두 완전하다 하더라도 물통의 밑바닥이 뚫려 있으면 나무 조각들은 아무 의미가 없다. 밑바닥이 뚫린 물통에 아무리 물을 부은들 무슨 소용이 있겠는가. 이것이 바로 물통 밑바닥의 중요성이다. 물통 밑바닥이란 말하자면 기초다. 따라서 물통 밑바닥은 모든 것의 전제다. 이런 이유로 성경은 물통 밑바닥, 즉 기초의 중요성에 대해 다음과 같이 교훈한다.

178

비가 내리고 창수가 나고 바람이 불어 그 집에 부딪치되 무너지지 아니하나니 이는 주추를 반석 위에 놓은 까닭이요 나의 이 말을 듣고 행하지 아니하는 자는 그 집을 모래 위에 지은 어리석은 사람 같으리니 비가 내리고 창수가 나고 바람이 불어 그 집에 부딪치매 무너져 그 무너짐이 심하니라(마 7:25-27).

'반석'은 물통 밑바닥, 즉 기초를 말한다. 물통 밑바닥이 뚫리면 아무 의미가 없다. 그러면 인생에 있어서 물통 밑바닥은 무엇인가? 5차원 전면교육의 물통 밑바닥은 무엇인가? 그것은 예수님에 의한 구원이다. 사람이 구원받는 것은 그 인생의 모든 것의 물통 밑바닥이자 기초다. 먼저 구원받는 것이 그 인생의 모든 것의 기초다.

그러면 구원이란 무엇인가? 구원이란 영원한 죽음으로 가던 인생 길을 돌려서 천국 길로 방향을 바꾸는 것을 말한다. 태어나서 구원받지 못하고 영원토록 슬피 울며 이를 가는 곳에 갈 것이라면 차라리 나지 않는 편이 더 좋았을 것이다.

엄히 때리고 외식하는 자가 받는 벌에 처하리니 거기서 슬피 울며 이를 갈리라(마 24:51).

인자는 자기에 대하여 기록된 대로 가거니와 인자를 파는 그 사람에게는 화가 있으리로다 그 사람은 차라리 나지 아니하였더라면 자기에게 좋을 뻔하였느니라 하시니라(막 14:21).

그러면 구원은 어떻게 받는가? 예수 그리스도를 구주로 영접하는 방법밖에 없다. 예수 그리스도가 아니고는 구원받을 다른 길이 없다.

> 내가 곧 길이요 진리요 생명이니 나로 말미암지 않고는 아버지께로 올 자가 없느니라(요 14:6).

'나로 말미암지 않고는'이라는 말에 사람들은 다음과 같이 반박한다. "기독교는 너무 독선적이야! 예수만 믿어야 된다니 너무 오만하다고! 선하고 착하게 살기만 하면 누구나 구원받을 수 있는 것 아니야?" 하지만 그렇지 않다. 중용을 취할 문제는 더욱 아니다. 선택의 문제도 아니다. 구원의 문제는 생명에 관한 문제이기 때문이다. 죽고 사는 문제이기 때문이다. 답이 오직 하나밖에 없는 문제이기 때문이다.

어느 아들이 악한에게 속아 독약을 콜라인 줄 알고 마셔서 죽어 간다고 생각해 보자. 그런데 해독약은 A 하나뿐이다. 사람들은 "아니다! B를 먹여야 살릴 수 있다!", "아니다! C도, D도 A와 똑같이 해독 작용이 있다! 이것을 먹여도 된다"라고 하는 등 아우성이다. 부모라면 어떻게 하겠는가? 아이는 죽어 가고 있는데, 해독제는 딱 하나 A뿐인데, 독선적이고 오만하다는 소리를 들어도 B, C, D를 주장하는 사람들을 밀치고 A를 먹여야 하지 않겠는가?

성경은 분명히 말한다. 한 인생이 죄를 용서받고, 하나님이 지으신 목적에 맞게 쓰임 받는 길은 예수밖에 없다고!

> 천하 사람 중에 구원을 받을 만한 다른 이름을 우리에게 주신 일이

없음이라(행 4:12).

그렇다! 예수가 유일한 방법이다. 예수 그리스도를 통한 구원이 인생의 모든 것의 물통 밑바닥이자 기초다. 즉 진정한 기독교 교육의 물통 밑바닥이자 기초는 예수 그리스도다!

chapter 2

5차원 전면교육의
비밀

5차원 전면교육의 커리큘럼을 보면 일기 쓰기, 계획표 세우기, 운동하기, 재정 관리하기, 외국어 배우기 등 익히 알려져 있는 것이 대부분이다. 새롭거나 특별한 것이 거의 없다. 그럼에도 커다란 변화를 불러일으킨다. 이러한 5차원 전면교육은 지난 20년이 넘는 기간을 통해서 확인된 바 국내외적으로 알찬 교육의 열매를 맺고 있으며, 매우 유효한 성경적 교육의 대안으로 떠오르고 있는 것이 사실이다.

특별한 적용 커리큘럼도 아닌데, 그동안 우리가 익히 들어 온 커리큘럼인데 어떻게 알찬 열매를 맺게 된 것일까? 그 비밀이 무엇일까?

비밀 1. 5가지 요소가 상호 유기적이다

그 비밀의 키를 알기 위해 잠언 16장 24절을 보자.

선한 말은 꿀송이 같아서 마음에 달고 뼈에 양약이 되느니라.

선한 말을 하면 뜻밖에 몸도 건강해진다는 말이다. '선한 말'은 지력을 뜻하고, '마음에 달고'는 심력을, '뼈에 양약이 된다'라는 말은 체력을 뜻한다고 볼 수 있다. 지력이 지력에만 국한되지 않고 심력과, 아울러 체력에까지 파급 효과를 미치는 것이다. 바로 이것이 5차원 전면교육 커리큘럼의 비밀이다. 즉 5차원 전면교육의 25가지 커리큘럼이 각각 별도로 기능하지 않고 상호 유기적으로 작용하고 있는 것이다.

구체적으로 살펴보면, 체력을 기르는 5가지 커리큘럼 중에 하나가 척추 운동법인데, 척추 운동법을 따라 매일 운동하게 되면 체력이 좋지 않았던 사람이라도 체력이 강화된다. 체력이 강화되면 곧 심력, 지력, 자기관리력, 인간관계력 등 다른 영역에 유기적으로 파급되어 상승효과를 연쇄적으로 거두게 된다.

그동안 체력이 약해서 기도하지 못했던 신자가 체력이 강해지면서 기도 시간이 늘어나고, 하나님을 알아 가는 심력이 연쇄적으로 강화된다. 하나님을 알아 가는 심력이 강화되니 하나님을 알고자 하는 열망이 깊어지면서 지혜 위주의 성경 학습법에 흥미를 갖고 공부하게 된다. 연쇄적으로 하나님의 말씀을 통해 남을 위해 기도하게 되고, 기도를 통해서 그동안 소원했던 사람들과의 관계가 회복되기도 한다. 이는 시간 관리, 재정 관리에까지 연쇄적인 상승효과를 불러일으킨다.

이런 식으로 체력이라는 한 영역에서 촉발된 상승효과가 지력, 심력, 자기관리력, 인간관계력 등으로 연쇄적이고 유기적으로 파급되면서 한 사람이 변화되는 교육의 열매가 발생하는 것이다.

25가지 커리큘럼을 따라 매일매일 생활 속에서 실행해 나가면 자기도 모르는 사이에 커리큘럼이 서로 유기적으로 연결되어 상호적이고 연쇄적인 상승효과를 발휘하면서 사람이 변화되는 가시적인 교육의 열매들이 맺히게 된다. 이것이 바로 5차원 전면교육을 통해 사람이 차츰 변화되는 첫 번째 비밀이다. 즉 인간의 비범함은 비범한 프로그램을 통해서 생기는 것이 아니라 평범한 것들을 유기체적이고 전면적으로 교육시켰을 때 생기는 결과라는 것이다.

비밀 2. 달란트의 크기와 상관없다

5차원 전면교육의 두 번째 비밀은 다방면 교육과 다르다는 데서 찾을 수 있다. 많은 사람이 5차원 전면교육에 대해 듣고는 이미 해 오고 있는 교육이라 생각한다. 아이들은 학교에서 국어, 영어, 수학 공부만 하는 것이 아니라 윤리, 역사, 철학을 배우고, 음악, 미술 등도 공부한다. 더구나 집에 가서는 태권도 학원, 피아노 학원, 컴퓨터 학원 등 5차원 영역에 드는 다방면 교육을 한다.

그러나 그렇다고 해서 전인격적이며 실력 있는 사람으로 길러지는 것은 아니다. 왜냐하면 실력 있는 인간은 공부, 음악, 운동 등 모든 영역에서 뛰어난, 즉 다방면의 인간 교육을 통해 배출되는 것이 아니라 비록 부족하더라도 각 영역을 극대화시키는 데서 나오기 때문이다.

세계적인 과학자 스티븐 호킹(Stephen Hawking)은 누구도 따라갈 수 없는 뛰어난 과학자이지만 몸이 약해서 휠체어를 탄 채 겨우 살아가고 있다. 그런데 만일 스티븐 호킹이 자신의 약한 몸을 비관해 삶을 포기해 왔다면 오늘날과 같은 대과학자가 될 수는 없었을 것이다. 오늘날의 스티븐 호킹은 약한 몸을 포기하지 않고 작은 것이나마 최대화했기 때문에 가능했던 것이다.

우리는 다방면에서 뛰어나야 인생에서 실력 있는 사람이 되어 성공할 수 있으리라고 생각하지만 그렇지 않다. 진정 실력 있는 사람이란 비록 부족하지만 있는 그대로, 즉 몸이 약하면 약한 대로, 의지력이 부족하면 부족한 대로, 두뇌가 조금 약하면 약한 대로 인정하며 그 약점을 최대화하고 자신의 달란트를 최대로 발휘해 인생을 승리로 이끄는 사람이다.

그런데 5차원 전면교육을 통해 자신의 달란트를 최대화해야 한다고 할 때 다른 사람들보다 더 큰 능력을 가지는 것이 지도자가 되는 길이라고 생각하는 사람들이 있다. 그것은 틀린 생각이다.

만약 20의 능력을 가진 A라는 사람이 자신의 달란트를 최대화해 20달란트를 발휘했다고 하자. 한편 100이라는 큰 능력을 가진 B라는 사람은 허송세월했음에도 50의 능력을 발휘하고 있다면 어떨까? 겉보기에는 B가 A보다 더 큰 능력을 가진 지도자처럼 여겨질 수 있지만 사실은 그렇지 않다. A에게 제자들이 맡겨진다면 비록 그는 B보다 능력은 부족하지만 제자의 능력이 크건 작건 최대로 발휘할 수 있도록 도울 것이다. 하지만 B의 제자들은 자신의 능력을 최대로 발휘할 수 있는 방법을 스승으로부터 배우지 못한 채 실력 없는 사람들로 살아갈 수밖에 없을 것이다.

진정한 지도자는 자신에게 속한 조직원들의 능력을 최대한으로 끌어내 조직의 역량을 최대로 발휘하고, 이를 선한 곳에 쓸 수 있도록 돕는 사람을 의미한다. 이를 위해 진정한 지도자라면 크건 작건 먼저 자신의 달란트를 최대한 발휘해 본 경험을 가지고 있어야만 한다.

이런 이유로 그리스도인은 다른 사람들에 비해 얼마나 큰 능력을 발휘하고 살아가느냐가 아니라 크건 작건 자신의 달란트를 얼마나 최대한 발휘하고 있느냐에 관심을 가져야 한다. 그리스도인으로서 진정한 지도자란 비록 적은 능력을 가졌더라도 자신의 달란트를 최대로 발휘함으로 하나님께 '착하고 충성된 종'이라 칭찬받고, 이를 통해 하나님의 큰일에 동참하는 사람이기 때문이다.

비밀 3. 실행자의 원칙이 중요하다

실행자의 원칙은 5차원 전면교육의 승패를 가늠할 정도로 중요한 원칙이다. 성경적 교육의 가장 중요한 원리를 마태복음 28장 마지막 두 절에서 볼 수 있다. 그리스도인들의 가장 중요한 사명은 '만민을 제자 삼는 것'인데, 제자 삼는 일은 먼저 "아버지와 아들과 성령의 이름으로 세례를 주라"라는 선교의 사명과 "하나님이 명령하신 모든 것을 가르쳐 지키게 하라"라는 교육의 사명을 감당하는 것이다.

그런데 여기서 교육의 사명은 단순히 "하나님의 말씀을 가르치라"라는 명령이 아님을 알 수 있다. 말씀을 지킬 수 있도록 교육하라는 것이다. 말씀을 가르치는 것과 말씀을 지킬 수 있도록 가르치는 것은 서로 다르다.

마태복음 13장에 기록된 씨 뿌리는 자의 비유를 보면, 비록 생명의 말씀을 뿌려도, 즉 가르쳐도 열매를 맺지 못할 수 있음을 경고한다. 아무리 생명의 말씀이라도 가시떨기나 돌 같은 장애물들이 마음속에 있으면 열매가 없다는 것이다. 그러므로 하나님의 말씀을 교육하기 위해서는 씨를 뿌리는 일과 장애물을 치우는 일이 동시에 일어나야 한다. 즉 말씀에 순종하도록 하는 변화의 교육이 일어나야만 한다.

앞에서 논의했다시피 지력, 심력, 체력, 자기관리력, 인간관계력을 중심으로 한 5차원 전면교육은 단지 지적 기법을 전수하는 프로그램이 아니다. 오히려 실천적인 삶의 실행 프로그램이라고 할 수 있다. 따라서 5차원 전면교육은 실제로 체험해서 습득한 사람을 통해서만 다른 사람에게 전달될 수 있다. 인간은 단순히 교육 프로그램을 운용하는 것으로 변화되지 않는다. 프로그램을 먼저 실행해 변화된 경험을 가진 사람의 에너지가 프로그램과 함께 공급될 때 다른 사람의 변화를 불러일으킬 수 있다.

우리나라에서 전인 교육이 잘 이루어지지 않았던 이유는 간단하다. 어른들이 먼저 실행해 전인적인 삶을 살아 본 경험이 없기 때문이다. 다시 말해, 교육에 있어서 변화의 에너지는 '사랑과 신뢰'다. 배우는 사람이 필연적으로 겪게 되는 고통과 아픔을 가르치는 사람이 함께 나누고자 할 때 비로소 제자가 스승의 사랑을 인식하게 되고, 그 신뢰를 바탕으로 변화될 수 있는 힘을 공급받는 것이다.

자녀는 부모의 말만 듣고 크지 않는다. 자녀가 5차원적 삶을 살게 하려면 부모가 먼저 지력, 심력, 체력, 자기관리력, 인간관계력을 중심으로 한 5차원적 삶을 함께 살아가야 한다. 자녀는 부모의 분투를 보고 성장한다. 그래서 성경은 이렇게 경고한다.

> 너희는 말씀을 행하는 자가 되고 듣기만 하여 자신을 속이는 자가 되지 말라(약 1:22).

듣기만 하지 말고 실행으로 옮기는 것이 바로 5차원 전면교육의 실행자 원칙이고 지력, 심력, 체력, 자기관리력, 인간관계력을 중심으로 한 5차원 전면교육의 비밀이다.

이기적이 아니라
이타적인 교육

앞으로 펼쳐질 21세기는 지구촌 인류 사회에 있어서 한민족의 역할이 크게 기대되는 시대가 될 것이다. 얼마 전만 해도 전 세계에 가장 넓게 펼쳐져 있는 민족이 이스라엘 민족이었는데, 21세기를 맞이한 지금은 한민족이 그 자리를 차지하고 있다. 특히 세계 역사를 주도하고 있는 4개국인 미국, 일본, 중국, 러시아에 거주하고 있는 한민족은 그 사회에 영향력을 끼칠 수 있을 만큼 수가 많다. 몇 년 전 통계에 의하면, 중국에 220만 명, 미국에 200만 명, 일본에 70만 명, 러시아에 50만 명 이상의 동포들이 살고 있다.

그런데 이렇게 한민족이 세계에 펼쳐지게 된 것은 그리 오래되지 않았다. 100여 년 전 일제의 지배 아래 굴욕을 견디지 못한 일부 사람들은 북쪽의 간도로 이주했다. 그들이 중국에 거하면서 '조선족'이라고 불리는 중국 동포들이 생겨났고, 간도에서 더 북쪽으로 올라간 사람들은 러시아에 거주하게 되었다. 그리고 러시아에서 강제 이주되어 더 북으로 올라간 사람들은 사할린에, 혹은 중앙아시아에 거하는 '고려인'이 되었다. 또 일제의 지배 아래 재일 교포들이 양산되기도 했다. 6·25전쟁 이후 한국을 떠나 미국으로 이민을 가서 재미 교포가 생겼고, 많은 전쟁고아들이 해외에 입양되어 유럽 등에 흩어졌다.

이스라엘 민족이 수천 년의 역사 가운데 서서히 흩어져 살게 되었다면 한민족은 수십 년이라는 단시간 동안 이루어진 일이기에 실제 그 역사의 현장에 있던 사람들은 훨씬 더 큰 아픔과 상처를 맛보아야 했다.

그러나 이런 비극을 바탕으로 한 한민족의 흩어짐의 역사를 조금 시각을 바꾸어 바라보면, 즉 '하나님 나라 확장'이라는 대전제 가운데서 보게 되면 하나님의 섭리를 금방 발견하게 된다.

사울은 그가 죽임 당함을 마땅히 여기더라 그날에 예루살렘에 있는 교회에 큰 박해가 있어 사도 외에는 다 유대와 사마리아 모든 땅으로 흩어지니라(행 8:1).

초대교회 신자들은 흩어지면서 아픔과 상처를 맛보아야 했다. 비극도 그런 비극이 없었다. 그러나 흩어짐에는 하나님의 섭리가 있었다. 흩어짐으로 하나님의 복음이 전파되게 하시기 위해서였던 것이다. 이어지는 구절은 이러한 하나님의 섭리를 잘 보여 준다.

그 흩어진 사람들이 두루 다니며 복음의 말씀을 전할새(행 8:4).

이것이 바로 하나님이 100년도 안 되는 사이에 한민족을 세계 각국 180여 개국 이상에 흩으신 이유라고 본다. 즉 한민족의 전 세계로의 흩어짐은 인간의 힘으로써가 아니라 하나님의 오묘한 계획과 섭리의 결과인 것이다. 현재 한국 기독교의 능력으로 9,000여 명의 선교사들을 전 세계에 파송했는데, 하나님은 이미 수백만 명의 예비 선교사들을 전 세계에 펼쳐 놓으신 것이다.

교육으로 하나 되는 공동체

만일 이렇게 흩어져 있는 한민족 개개인이 자신이 가지고 있는 능력을 최대한 발휘하고, 서로 힘을 합쳐 우리 민족뿐만 아니라 전 인류를 향해 사랑과 봉사를 실천할 수만 있다면 우리는 하나님 나라 확장에 있어서 중심추 역할을 감당하게 될 것이다.

그런데 흩어진 우리 민족이 어떻게 함께 힘을 모아 하나님의 일들을 감당할 수 있는가? 여러 가지 면을 고려해 볼 때, 우리 민족을 하나의 공동체로 묶는 좋은 방법으로 '교육'을 들 수 있다. 즉 교육이라는 끈으로 전 세계에 흩어져 있는 한민족을 하나의 공동체로 엮어 갈 수 있다.

교육은 본질상 이념이나 사상, 국경의 장벽을 넘어서서 전 인류가 동일하게 풀어야 할 문제로 인식되고, 어느 것보다 지대한 관심을 갖고 있는 분야이기에 쉽게 하나 될 수 있다. 그러므로 교육에 의한 한민족 교육 공동체를 이루는 것이 가장 현실적이라고 생각된다. 한민족 교육 공동체의 기반 위에서 자연스럽게 하나님 나라를 확장시켜 나갈 수 있을 것이다.

그러나 우리는 어떤 공동체가 형성되면 그 공동체를 통해 힘을 가지려는 것 자체가 목적이 되는 경우가 많다는 사실을 잊지 말아야 한다. 이것은 철저히 경계해야 할 일이다. 왜냐하면 공동체를 형성해 그로 인해 특별한 선민의식을 가지거나 타 민족을 배척하고 경계심을 갖도록 하면 우리가 궁극적으로 추구해야 할 하나님 나라의 확장에 오히려 마이너스 요인이 될 수 있기 때문이다.

그래서 우리가 추구하는 한민족 교육 공동체는 설령 과정이나 결과를 통해 어떤 힘을 갖게 된다 할지라도 그 목표와 방향이 철저하게 타 민족을 섬기고, 봉사하고, 사랑을 나누는 것에 설정되어야 한다.

교육을 통한 한민족 교육 공동체를 형성하는 것이 우리의 비전이다. 그렇다면 과연 우리 사회가 현실적으로 하나의 공동체를 형성할 만한 교육을 가지고 있는가? 그리고 그 교육을 통해 현실적으로 전 세계에 흩어져 있는 해외 동포들을 묶을 수 있는가?

불행히도 우리의 현실 교육은 대안이 될 수 없다. 그렇다면 "한민족 교육 공동체를 만들자"라는 비전은 한낱 이상과 꿈으로만 존재하는가? 그렇지 않다. 지금까지 논의해 왔듯이, 하나님이 원래 우리에게 주신 달란트와 은사와 적성과 사명을 최대한 키워 줄 수 있는 5차원 전면교육에 근거한 교육으로 이 일이 가능할 것이다. 즉 우리의 교육이 성적에만 치중하는 세상적 교육 방식에서 벗어나서 지력, 심력, 체력, 자기관리력, 인간관계력 등 5가지 요소들을 전반적으로 키워 진리 안에서 개개인이 갖고 있는 달란트를 최대한으로 계발시키고 발휘할 수 있도록 도와주어야 한다. 이 일을 이웃을 사랑하고 봉사하는 하나님의 일꾼들을 길러 내는 일로 전환한다면 한민족 교육 공동체의 비전은 충분히 실현 가능하다.

앞서 언급한 대로 교육은 본질상 이념이나 사상, 국경의 장벽을 넘어서서 전 인류가 동일하게 풀어야 할 문제로 인식된다. 따라서 보편적으로 인간이 가지고 있는 달란트를 최대화할 수 있다고 보이는 5차원 전면교육이라는 끈으로 전 세계에 흩어져 있는 한민족을 하나의 공동체로 엮어 갈 수 있을 뿐 아니라, 이를 통해 보편적 인류를 사랑하는 글로벌 교육 공동체 (Global Education Community)를 이루어 갈 수 있다.

우리가 꿈꾸는 한민족 교육 공동체는 글로벌 교육 공동체를 형성시킴으로써 지구 역사상 타 민족을 위해 일하는 가장 강력하고 하나님이 기뻐하시는 공동체가 될 것이다. 하나님은 이 시대에 선교와 교육을 통해 역사의 거대한 흐름을 변화시킬 마태복음 사명을 우리에게 주셨다.

> 그러므로 너희는 가서 모든 민족을 제자로 삼아 아버지와 아들과
> 성령의 이름으로 세례를 베풀고 내가 너희에게 분부한 모든 것을
> 가르쳐 지키게 하라 볼지어다 내가 세상 끝날까지 너희와 항상 함
> 께 있으리라 하시니라(마 28:19-20).

> 우리가 그를 전파하여 각 사람을 권하고 모든 지혜로 각 사람을 가
> 르침은 각 사람을 그리스도 안에서 완전한 자로 세우려 함이니(골
> 1:28).

한민족이여! 지금은 일어나 새벽을 밝힐 때다.

성경공부를 위한 C-DQ 테스트

내 안에 뿌려진 말씀의 씨가 자라는 것을 차단하는 내부의 장애물들의 현 상태, 즉 지력, 심력, 체력, 자기관리력, 인간관계력 등 5가지 영역의 현 상태를 아는 것은 중요하다. 이 장애물들의 현 상태가 파악되어야 대안을 찾아 보완, 개선할 수 있기 때문이다.

이를 위해 각 개인이 자신의 5가지 영역과 연결되어 있는 장애물들의 현 상태를 측정할 수 있는 C-DQ(Christian-Diamond collar Quotient) 테스트를 다음과 같이 개발했다. 누구든지 다음에 수록된 테스트를 통해 장애물들을 쉽게 파악할 수 있으며, 자신의 5가지 기능 요소 중에서 어떤 요소가 강하고 약한지를 알아내 약한 요소를 보강해 주는 약점 위주의 전략을 세울 수 있다.

C-DQ 테스트는 총 35문항으로 구성되어 있다. 성경공부는 하는데 막상 삶의 변화라는 열매를 잘 맺지 못해 고민하고 있는 그리스도인의 경우 C-DQ 테스트를 차근히 풀어 나가다 보면 현재 자신의 지력, 심력, 체력, 자기관리력, 인간관계력 중에서 어느 기능 요소가 약한지를 어렵지 않게 발견할 수 있을 것이다.

테스트 방법은 각각의 문항을 읽고 해당되는 정도에 따라서 '전혀 그렇지 않다'라고 여겨지면 1점, '대체로 그렇지 않다'라고 여겨지면 2점, '반반이다'라고 여겨지면 3점, '대체로 그렇다'라고 여겨지면 4점, '매번 그렇다'라고 여겨지면 5점을 206쪽의 답안지 해당 칸에 적어 넣으면 된다.

01. 나는 성경에 나오는 인물 중에서 큰 매력을 느끼는 사람이 있다.

　　① 전혀 그렇지 않다.

　　② 대체로 그렇지 않다.

　　③ 반반이다.

　　④ 대체로 그렇다.

　　⑤ 매번 그렇다.

02. 나는 예컨대 에베소서와 빌립보서를 읽고 두 책의 특징을 어렴풋이나마
파악할 수 있다.

　　① 전혀 그렇지 않다.

　　② 대체로 그렇지 않다.

　　③ 반반이다.

　　④ 대체로 그렇다.

　　⑤ 매번 그렇다.

03. 나는 내가 확실히 구원받았다고 생각한다.

　　① 전혀 그렇지 않다.

　　② 대체로 그렇지 않다.

　　③ 반반이다.

　　④ 대체로 그렇다.

　　⑤ 매번 그렇다.

04. 나는 십일조를 드리는 것에 대해서 의심해 본 적이 없다.

① 전혀 그렇지 않다.

② 대체로 그렇지 않다.

③ 반반이다.

④ 대체로 그렇다.

⑤ 매번 그렇다.

05. 나는 규칙적으로 운동한다.

① 전혀 그렇지 않다.

② 대체로 그렇지 않다.

③ 반반이다.

④ 대체로 그렇다.

⑤ 매번 그렇다.

06. 나는 다른 사람에게서 싫은 소리를 들어도 잘 소화하는 편이다.

① 전혀 그렇지 않다.

② 대체로 그렇지 않다.

③ 반반이다.

④ 대체로 그렇다.

⑤ 매번 그렇다.

07. 나는 성경을 읽으면서 중요하다고 생각되는 부분은 항상 밑줄 같은 표시

를 해 놓는다.

① 전혀 그렇지 않다.

② 대체로 그렇지 않다.

③ 반반이다.

④ 대체로 그렇다.

⑤ 매번 그렇다.

08. 나는 인생 목표가 확실하다.

① 전혀 그렇지 않다.

② 대체로 그렇지 않다.

③ 반반이다.

④ 대체로 그렇다.

⑤ 매번 그렇다.

09. 나는 교회에 필요하다고 생각되는 경우 과하다 싶을 정도로 헌금을 드릴
마음이 있다.

① 전혀 그렇지 않다.

② 대체로 그렇지 않다.

③ 반반이다.

④ 대체로 그렇다.

⑤ 매번 그렇다.

10. 나는 잠을 잘 자는 편이다.

① 전혀 그렇지 않다.

② 대체로 그렇지 않다.

③ 반반이다.

④ 대체로 그렇다.

⑤ 매번 그렇다.

11. 나는 누가 잘못했다 해도 그 잘못을 매번 용납해 주려고 애쓰는 편이다.

　① 전혀 그렇지 않다.

　② 대체로 그렇지 않다.

　③ 반반이다.

　④ 대체로 그렇다.

　⑤ 매번 그렇다.

12. 나는 성경을 읽은 후 저자가 강조하는 주안점이 무엇인지 짚어 낼 수 있다.

　① 전혀 그렇지 않다.

　② 대체로 그렇지 않다.

　③ 반반이다.

　④ 대체로 그렇다.

　⑤ 매번 그렇다.

13. 나는 인생 목표 달성을 위해서 차근차근 준비하고 있다.

　① 전혀 그렇지 않다.

　② 대체로 그렇지 않다.

　③ 반반이다.

　④ 대체로 그렇다.

⑤ 매번 그렇다.

14. 나는 정기적으로 어려운 사람을 구제한다.

　　① 전혀 그렇지 않다.

　　② 대체로 그렇지 않다.

　　③ 반반이다.

　　④ 대체로 그렇다.

　　⑤ 매번 그렇다.

15. 나는 이제까지 큰 병을 앓은 적이 없다.

　　① 전혀 그렇지 않다.

　　② 대체로 그렇지 않다.

　　③ 반반이다.

　　④ 대체로 그렇다.

　　⑤ 매번 그렇다.

16. 나는 나 자신을 소중하게 여기는 편이다.

　　① 전혀 그렇지 않다.

　　② 대체로 그렇지 않다.

　　③ 반반이다.

　　④ 대체로 그렇다.

　　⑤ 매번 그렇다.

17. 나는 성경공부를 할 때 나름대로 계획을 세워 놓고 한다.

  ① 전혀 그렇지 않다.

  ② 대체로 그렇지 않다.

  ③ 반반이다.

  ④ 대체로 그렇다.

  ⑤ 매번 그렇다.

18. 나는 아직 구원받지 못한 사람을 보면 안타까운 마음이 든다.

  ① 전혀 그렇지 않다.

  ② 대체로 그렇지 않다.

  ③ 반반이다.

  ④ 대체로 그렇다.

  ⑤ 매번 그렇다.

19. 나는 내가 번 돈이 다 내 돈이라고 생각해 본 적이 결코 없다.

  ① 전혀 그렇지 않다.

  ② 대체로 그렇지 않다.

  ③ 반반이다.

  ④ 대체로 그렇다.

  ⑤ 매번 그렇다.

20. 나는 예수 믿는 사람으로서 성적 유혹에 넘어가지 않도록 애쓴다.

  ① 전혀 그렇지 않다.

② 대체로 그렇지 않다.

③ 반반이다.

④ 대체로 그렇다.

⑤ 매번 그렇다.

21. 나는 다른 사람과의 관계에서 신뢰를 얻고 있으며 얻은 신뢰를 잃지 않도록 나를 개선해 나가는 편이다.

　① 전혀 그렇지 않다.

　② 대체로 그렇지 않다.

　③ 반반이다.

　④ 대체로 그렇다.

　⑤ 매번 그렇다.

22. 나는 성경을 읽어 가는 속도가 다른 사람보다 빠르다.

　① 전혀 그렇지 않다.

　② 대체로 그렇지 않다.

　③ 반반이다.

　④ 대체로 그렇다.

　⑤ 매번 그렇다.

23. 나는 내가 사는 것이 다 하나님의 은혜라고 생각한다.

　① 전혀 그렇지 않다.

　② 대체로 그렇지 않다.

③ 반반이다.

④ 대체로 그렇다.

⑤ 매번 그렇다.

24. 나는 큰 지출은 가족과 주위 사람과 반드시 상의하는 과정을 거쳐서 결정

한다.

① 전혀 그렇지 않다.

② 대체로 그렇지 않다.

③ 반반이다.

④ 대체로 그렇다.

⑤ 매번 그렇다.

25. 나는 건강을 위해 엘리베이터를 타는 것보다 계단을 이용하는 편이다.

① 전혀 그렇지 않다.

② 대체로 그렇지 않다.

③ 반반이다.

④ 대체로 그렇다.

⑤ 매번 그렇다.

26. 나는 도움이 필요한 사람을 보면 도와주기를 주저하지 않는다.

① 전혀 그렇지 않다.

② 대체로 그렇지 않다.

③ 반반이다.

④ 대체로 그렇다.

⑤ 매번 그렇다.

27. 나는 설교 말씀 들은 것을 추후에 메모해 두곤 한다.

① 전혀 그렇지 않다.

② 대체로 그렇지 않다.

③ 반반이다.

④ 대체로 그렇다.

⑤ 매번 그렇다.

28. 나는 내가 거듭나서 하나님의 백성이 된 것이 정말 좋다.

① 전혀 그렇지 않다.

② 대체로 그렇지 않다.

③ 반반이다.

④ 대체로 그렇다.

⑤ 매번 그렇다.

29. 나는 매주 감사한 일에 대해 감사 헌금을 드리는 편이다.

① 전혀 그렇지 않다.

② 대체로 그렇지 않다.

③ 반반이다.

④ 대체로 그렇다.

⑤ 매번 그렇다.

30. 나는 교회 일을 하면서는 피곤함을 느끼지 않는다.

    ① 전혀 그렇지 않다.

    ② 대체로 그렇지 않다.

    ③ 반반이다.

    ④ 대체로 그렇다.

    ⑤ 매번 그렇다.

31. 나는 거의 모든 것을 숨기지 않고 대화를 나누는 사람을 가지고 있다.

    ① 전혀 그렇지 않다.

    ② 대체로 그렇지 않다.

    ③ 반반이다.

    ④ 대체로 그렇다.

    ⑤ 매번 그렇다.

32. 나는 성경에 나오는 어떤 사건들을 대상으로 상상의 나래를 펴곤 한다.

    ① 전혀 그렇지 않다.

    ② 대체로 그렇지 않다.

    ③ 반반이다.

    ④ 대체로 그렇다.

    ⑤ 매번 그렇다.

33. 나는 가끔 내가 구원받지 못했으면 어떻게 되었을까를 생각하면서 하나님
의 은혜를 다시금 되새기곤 한다.

① 전혀 그렇지 않다.

② 대체로 그렇지 않다.

③ 반반이다.

④ 대체로 그렇다.

⑤ 매번 그렇다.

34. 나는 내가 하나님께 무엇을 드릴 수 있다는 것이 매우 행복하다.

　　① 전혀 그렇지 않다.

　　② 대체로 그렇지 않다.

　　③ 반반이다.

　　④ 대체로 그렇다.

　　⑤ 매번 그렇다.

35. 나는 내 힘이 다하는 한 하나님의 일에 적극적으로 동참하고 싶다.

　　① 전혀 그렇지 않다.

　　② 대체로 그렇지 않다.

　　③ 반반이다.

　　④ 대체로 그렇다.

　　⑤ 매번 그렇다.

성경공부를 위한 C-DQ 테스트 답안지

인간 관계력	01		06		11		16		21		26		31		합계	
지력	02		07		12		17		22		27		32		합계	
심력	03		08		13		18		23		28		33		합계	
자기 관리력	04		09		14		19		24		29		34		합계	
체력	05		10		15		20		25		30		35		합계	

성경공부를 위한 C-DQ 테스트 결과 각 요소의 수치가 작을수록 그 능력이 약하다는 의미다. 따라서 인간관계력 지수가 약하게 나온 사람은 인간관계력을 키워 주면 그에게 뿌려진 말씀의 씨가 중도 하차하는 일 없이 자라서 결국에는 삶의 변화라는 열매를 맺을 것이다. 같은 이치로 심력이 약한 사람은 심력을, 자기관리력이 부족한 사람은 자기관리력을, 세상적인 욕심을 위해 체력을 탕진한 사람은 체력을 회복할 수 있도록 훈련시켜 주면 말씀이 삶의 변화라는 열매를 맺을 것이다.

지력과 심력을 길러 주는 핵심 성경구절

1. 하나님의 사랑과 작정

2. 은혜와 믿음

3. 구원과 칭의

4. 거룩과 성화

5. 통일과 영광(하나님 나라와 교회)

6. 사랑

7. 신자에게 있는 죄

8. 신자에게 있는 고난(시험)

9. 예배의 삶

10. 전도와 선교

1. 하나님의 사랑과 작정

창조주 하나님

그러나 하나님께서는 창조 때로부터 "사람을 남자와 여자로 만드셨다"
(막 10:6, 새번역 성경).

But in the beginning God made a man and a woman.

인간의 죄와 불의

모든 사람이 죄를 범하였습니다(롬 3:23, 새번역 성경).

All of us have sinned and fallen short of God's glory.

죄의 삯은 죽음이요(롬 6:23, 새번역 성경).

The wages of sin is death.

주께서 경건한 자는 시험에서 건지실 줄 아시고 불의한 자는 형벌 아래
에 두어 심판 날까지 지키시며(벧후 2:9).

The Lord knows how to rescue godly men from trials and to hold the
unrighteous for the day of judgment, while continuing their punishment.

의인은 없다. 한 사람도 없다. 깨닫는 사람도 없고, 하나님을 찾는 사람
도 없다. 모두가 곁길로 빠져서, 쓸모가 없게 되었다. 선한 일을 하는 사
람은 없다. 한 사람도 없다(롬 3:10-12, 새번역 성경).

There is no one righteous, not even one; there is no one who understands,
no one who seeks God. All have turned away, they have together become
worthless; there is no one who does good, not even one.

하나님의 사랑

하나님께서 세상을 이처럼 사랑하셔서 외아들을 주셨으니, 이는 그를 믿는 사람마다 멸망하지 않고 영생을 얻게 하려는 것이다(요 3:16, 새번역 성경).

For God so loved the world that he gave his one and only Son, that whoever believes in him shall not perish but have eternal life.

작정된 자

하나님께서는 여러분을 성령으로 거룩하게 하시고, 진리를 믿게 하여 구원에 이르게 하시려고, 처음부터 여러분을 택하여 주셨기 때문입니다(살후 2:13, 새번역 성경).

From the beginning God chose you to be saved through the sanctifying work of the Spirit and through belief in the truth.

그러나 여러분은 택하심을 받은 족속이요, 왕과 같은 제사장들이요, 거룩한 민족이요, 하나님의 소유가 된 백성입니다. 그래서 여러분을 어둠에서 불러내어 자기의 놀라운 빛 가운데로 인도하신 분의 업적을, 여러분이 선포하는 것입니다(벧전 2:9, 새번역 성경).

But you are a chosen people, a royal priesthood, a holy nation, a people belonging to God, that you may declare the praises of him who called you out of darkness into his wonderful light.

하나님의 신비한 뜻

하나님은 우리에게 모든 지혜와 총명을 넘치게 주셔서, 그리스도 안에서 미리 세우신 하나님이 기뻐하시는 뜻을 따라 하나님의 신비한 뜻을 우리에게 알려 주셨습니다(엡 1:8-9, 새번역 성경).

He lavished on us with all wisdom and understanding. And he made known to us the mystery of his will according to his good pleasure, which he purposed in Christ.

여러분은 믿음을 통하여 은혜로 구원을 얻었습니다. 이것은 여러분에게서 난 것이 아니요, 하나님의 선물입니다(엡 2:8, 새번역 성경).

For it is by grace you have been saved, through faith and it is the gift of God.

2. 은혜와 믿음

은혜로 구원을 얻음

여러분은 믿음을 통하여 은혜로 구원을 얻었습니다. 이것은 여러분에게서 난 것이 아니요, 하나님의 선물입니다. 행위에서 난 것이 아닙니다. 그러므로 아무도 자랑할 수 없습니다(엡 2:8-9, 새번역 성경).

For it is by grace you have been saved, through faith--and this not from yourselves, it is the gift of God--not by works, so that no one can boast.

의인은 없다. 한 사람도 없다. 깨닫는 사람도 없고, 하나님을 찾는 사람도 없다. 모두가 곁길로 빠져서, 쓸모가 없게 되었다. 선한 일을 하는 사람은 없다. 한 사람도 없다(롬 3:10-12, 새번역 성경).

There is no one righteous, not even one; there is no one who understands, no one who seeks God. All have turned away, they have together become worthless; there is no one who does good, not even one.

믿음의 본질과 예수님의 순종

··· 이 약속은, 그가 믿은 하나님, 다시 말하면, 죽은 사람들을 살리시며 없는 것들을 불러내어 있는 것이 되게 하시는 하나님께서 보장하신 것입니다. ··· 그는 하나님의 약속을 믿고 의심하지 않았습니다. 오히려 그는 믿음이 굳세어져서 하나님께 영광을 돌렸습니다. ··· 예수는 우리의 범죄 때문에 죽임을 당하셨고, 우리를 의롭게 하시려고 살아나셨습니다(롬 4:17, 20, 25, 새번역 성경).

··· In whom he believed--the God who gives life to the dead and calls things that are not as though they were. ··· Yet he did not waver through unbelief regarding the promise of God, but was strengthened in his faith and gave glory to God. ··· He was delivered over to death for our sins and was raised to life for our justification.

율법으로 의로운 자가 되지 못하고 믿음으로만 의로워짐

그러나 사람이, 율법을 행하는 행위로 의롭게 되는 것이 아니라, 예수 그리스도를 믿는 믿음으로 의롭게 되는 것임을 알고, 우리도 그리스도 예수를 믿은 것입니다. 그것은, 우리가 율법을 행하는 행위로가 아니라, 그리스도를 믿는 믿음으로 의롭다고 하심을 받고자 했던 것입니다. 율법을 행하는 행위로는, 아무도 의롭게 될 수 없기 때문입니다(갈 2:16, 새번역 성경).

Know that a man is not justified by observing the law, but by faith in Jesus Christ. So we, too, have put our faith in Christ Jesus that we may be justified by faith in Christ and not by observing the law, because by observing the law no one will be justified.

율법의 용도

그러면 우리가 믿음을 내세운다고 해서 율법을 무시하는 줄 아십니까? 절대로 그렇지 않습니다. 오히려 율법을 존중합니다(롬 3:31, 공동번역 성경). Do we, then, nullify the law by this faith? Not at all! Rather, we uphold the law.

그러면 율법의 용도는 무엇입니까? 율법은 약속을 받으신 그 후손이 오실 때까지 범죄들 때문에 덧붙여 주신 것입니다. … 그래서 율법은, 그리스도께서 오실 때까지, 우리에게 개인교사 역할을 하였습니다. 그것은, 우리로 하여금 믿음으로 의롭다고 하심을 받게 하시려고 한 것입니다 (갈 3:19, 24, 새번역 성경).

What, then, was the purpose of the law? It was added because of transgressions until the Seed to whom the promise referred had come. The law was put into effect through angels by a mediator. So the law was put in charge to lead us to Christ that we might be justified by faith.

율법의 저주에서 우리를 구하심

그리스도께서 우리를 위하여 저주를 받은 사람이 되심으로써, 우리를 율법의 저주에서 속량해 주셨습니다. 기록된 바 "나무에 달린 자는 모두 저주를 받은 자이다" 하였기 때문입니다. 그것은, 아브라함에게 내리신 복을 그리스도 예수 안에서 이방 사람에게 미치게 하시고, 우리로 하여금 믿음으로 말미암아 약속하신 성령을 받게 하시려는 것입니다(갈

3:13-14, 새번역 성경).

Christ redeemed us from the curse of the law by becoming a curse for us, and he redeemed us in order that the blessing given to Abraham might come to the Gentiles through Christ Jesus, so that by faith we might receive the promise of the Spirit.

3. 구원과 칭의

부활하신 하나님의 아들 예수 그리스도

성령으로는 죽은 사람들 가운데서 부활하심으로 나타내신 권능으로 하나님의 아들로 확정되신 분이십니다. 그는 곧 우리 주 예수 그리스도이십니다(롬 1:4, 새번역 성경).

And who through the Spirit of holiness was declared with power to be the Son of God by his resurrection from the dead: Jesus Christ our Lord.

예수님은 죄인을 구원하러 오심

그리스도 예수께서 죄인을 구원하시려고 세상에 오셨다고 하는 이 말씀은 믿음직하고, 모든 사람이 받아들일 만한 말씀입니다. 나는 죄인의 우두머리입니다. 그러나 하나님께서는 나에게 자비를 베푸셨습니다. 그 뜻은 그리스도 예수께서 끝없이 참아 주심의 한 사례를 먼저 나에게서 드러내 보이심으로써, 앞으로 예수를 믿고 영생을 얻으려고 하는 사람들의 본보기로 삼으시려는 것입니다(딤전 1:15-16, 새번역 성경).

Here is a trustworthy saying that deserves full acceptance: Christ Jesus came into the world to save sinners--of whom I am the worst. But for that very reason I was shown mercy so that in me, the worst of sinners, Christ Jesus might display his unlimited patience as an example for those who would believe on him and receive eternal life.

회개와 믿음과 중생

때가 찼다. 하나님의 나라가 가까이 왔다. 회개하여라. 복음을 믿어라(막 1:15, 새번역 성경).

The time has come," he said. "The kingdom of God is near. Repent and believe the good news!

예수께서 그에게 말씀하셨다. "내가 진정으로 진정으로 너에게 말한다. 누구든지 다시 나지 않으면, 하나님 나라를 볼 수 없다"(요 3:3, 새번역 성경).

In reply Jesus declared, "I tell you the truth, no one can see the kingdom of God unless he is born again."

누구든지 그리스도 안에 있으면, 그는 새로운 피조물입니다. 옛것은 지나갔습니다. 보십시오, 새것이 되었습니다(고후 5:17, 새번역 성경).

Therefore, if anyone is in Christ, he is a new creation; the old has gone, the new has come!

의롭다 하심을 받고 평화를 누림

그러므로 우리는 믿음으로 의롭다 하심을 받았으므로, 우리 주 예수 그리스도로 말미암아 하나님과 더불어 평화를 누리고 있습니다(롬 5:1, 새번역 성경).

Therefore, since we have been justified through faith, we have peace with God through our Lord Jesus Christ.

하나님의 자녀가 됨

여러분은 모두 그 믿음으로 말미암아 그리스도 예수 안에서 하나님의 자녀들입니다(갈 3:26, 새번역 성경).

You are all sons of God through faith in Christ Jesus.

4. 거룩과 성화

구원의 징표로 성령님을 주심

그리고 여러분도 진리의 말씀인 구원의 기쁜 소식을 듣고 그리스도를 믿게 되었으며 하나님께서는 이를 확인하는 표로 약속하신 성령을 우리에게 주셨습니다. 성령께서는 하나님이 약속하신 것을 우리가 받을 것이라는 것을 보증하시고 하나님의 백성이 구원을 받아 그분의 영광을 찬양하도록 하십니다(엡 1:13-14, 현대인의성경).

And you also were included in Christ when you heard the word of truth, the gospel of your salvation. Having believed, you were marked in him with a seal, the promised Holy Spirit, who is a deposit guaranteeing our inheritance until the redemption of those who are God's possession--to the praise of his glory.

거룩하기를 명령하심

하나님의 뜻은 이것이니 너희의 거룩함이라(살전 4:3).

It is God's will that you should be sanctified.

하나님께서는 우리를 자기의 거룩하심에 참여하게 하시려고, 우리에게
유익이 되도록 징계하십니다(히 12:10, 새번역 성경).

But God disciplines us for our good, that we may share in his holiness.

여러분은 인내력을 충분히 발휘하여, 조금도 부족함이 없이 완전하고
성숙한 사람이 되십시오(약 1:4, 새번역 성경).

Perseverance must finish its work so that you may be mature and complete,
not lacking anything.

성령이 중보하심

이와 같이, 성령도 우리의 약함을 도와주십니다. 우리는 어떻게 기도해
야 할지도 알지 못하지만, 성령이 친히 이루 다 말할 수 없는 탄식으로,
우리를 대신하여 간구하여 주십니다(롬 8:26, 새번역 성경).

In the same way, the Spirit helps us in our weakness. We do not know what
we ought to pray for, but the Spirit himself intercedes for us with groans that
words cannot express.

성령을 따르는 사람은 율법의 지배를 받지 않음

내 말을 잘 들으십시오. 육체의 욕정을 채우려 하지 말고 성령께서 이끄
시는 대로 살아가십시오. 육체의 욕망은 성령을 거스르고 성령께서 원
하시는 것은 육정을 거스릅니다. 이 둘은 서로 반대되는 것이기 때문에

여러분은 자기가 원하는 일을 할 수 없게 됩니다. 성령을 따라 사는 사람은 율법의 지배를 받지 않습니다(갈 5:16-18, 공동번역 성경).

So I say, live by the Spirit, and you will not gratify the desires of the sinful nature. For the sinful nature desires what is contrary to the Spirit, and the Spirit what is contrary to the sinful nature. They are in conflict with each other, so that you do not do what you want. But if you are led by the Spirit, you are not under law.

성령의 지도를 따라서 살아야 함

성령이 맺어 주시는 열매는 사랑, 기쁨, 평화, 인내, 친절, 선행, 진실, 온유, 그리고 절제입니다. 이것을 금하는 법은 없습니다. 그리스도 예수에게 속한 사람들은 육체를 그 정욕과 욕망과 함께 십자가에 못 박은 사람들입니다. 성령이 우리에게 생명을 주셨으니 우리는 성령의 지도를 따라서 살아가야 합니다(갈 5:22-25, 공동번역 성경).

But the fruit of the Spirit is love, joy, peace, patience, kindness, goodness, faithfulness, gentleness and self-control. Against such things there is no law. Those who belong to Christ Jesus have crucified the sinful nature with its passions and desires. Since we live by the Spirit, let us keep in step with the Spirit.

5. 통일과 영광(하나님 나라와 교회)

성령을 통해서 사랑을 우리 마음속에 부어 주시고 영광에 이르게 하심

우리는 또한, 그리스도로 말미암아 지금 서 있는 이 은혜의 자리에 [믿음으로] 나아오게 되었으며, 하나님의 영광에 이르게 될 소망을 품고 자랑을 합니다. … 이 희망은 우리를 실망시키지 않습니다. 하나님께서 우리에게 주신 성령을 통하여 그의 사랑을 우리 마음속에 부어 주셨기 때문입니다(롬 5:2, 5, 새번역 성경).

Through whom we have gained access by faith into this grace in which we now stand. And we rejoice in the hope of the glory of God. And hope does not disappoint us, because God has poured out his love into our hearts by the Holy Spirit, whom he has given us.

그리스도 안에서의 통일

하나님의 계획은, 때가 차면, 하늘과 땅에 있는 모든 것을 그리스도 안에서 그분을 머리로 하여 통일시키는 것입니다(엡 1:10, 새번역 성경).

To be put into effect when the times will have reached their fulfillment--to bring all things in heaven and on earth together under one head, even Christ.

지나간 다른 세대에서는 하나님께서 그 비밀을 사람의 아들들에게 알려 주지 아니하셨는데, 지금은 그분의 거룩한 사도들과 예언자들에게 성령으로 계시하여 주셨습니다. 그 비밀의 내용인즉 이방 사람들이 복음을 통하여 그리스도 예수 안에서 유대 사람들과 공동 상속자가 되고, 함께 한 몸이 되고, 약속을 함께 가지는 자가 되는 것입니다(엡 3:5-6, 새번역성경).

Which was not made known to men in other generations as it has now been revealed by the Spirit to God's holy apostles and prophets. This mystery is that through the gospel the Gentiles are heirs together with Israel, members together of one body, and sharers together in the promise in Christ Jesus.

이미 약속된 새 하늘과 새 땅

그러나 우리는 주님의 약속을 따라 정의가 깃들여 있는 새 하늘과 새 땅을 기다리고 있습니다(벧후 3:13, 새번역 성경).

But in keeping with his promise we are looking forward to a new heaven and a new earth, the home of righteousness.

나는 새 하늘과 새 땅을 보았습니다. 이전의 하늘과 이전의 땅이 사라지고, 바다도 없어졌습니다. … "그들의 눈에서 모든 눈물을 닦아 주실 것이니, 다시는 죽음이 없고, 슬픔도 울부짖음도 고통도 없을 것이다. 이전 것들이 다 사라져 버렸기 때문이다." … 그 도성에는, 해나 달이 빛을 비출 필요가 없습니다. 그것은, 하나님의 영광이 그 도성을 밝혀 주며, 어린양이 그 도성의 등불이시기 때문입니다(계 21:1, 4, 23, 새번역 성경).

Then I saw a new heaven and a new earth, for the first heaven and the first earth had passed away, and there was no longer any sea. … "He will wipe every tear from their eyes. … There will be no more death or mourning or crying or pain, for the old order of things has passed away." The city does not need the sun or the moon to shine on it, for the glory of God gives it light, and the Lamb is its lamp.

너희는 성령 안에서 하나님이 거하실 처소(하나님의 나라)다

너희는 사도들과 선지자들의 터 위에 세우심을 입은 자라 그리스도 예수께서 친히 모퉁잇돌이 되셨느니라 그의 안에서 건물마다 서로 연결하여 주 안에서 성전이 되어 가고 너희도 성령 안에서 하나님이 거하실 처소가 되기 위하여 그리스도 예수 안에서 함께 지어져 가느니라(엡 2:20-22).

Built on the foundation of the apostles and prophets, with Christ Jesus himself as the chief cornerstone. In him the whole building is joined together and rises to become a holy temple in the Lord. And in him you too are being built together to become a dwelling in which God lives by his Spirit.

예수님의 몸인 교회

하나님께서는 이 능력을 그리스도 안에 발휘하셔서, 그분을 죽은 사람들 가운데서 살리시고, 하늘에서 자기의 오른쪽에 앉히셔서 모든 정권과 권세와 능력과 주권 위에, 그리고 이 세상뿐만 아니라 오는 세상에서 일컬을 모든 이름 위에 뛰어나게 하셨습니다. 하나님께서는 만물을 그리스도의 발아래 굴복시키시고, 그분을 만물 위에 교회의 머리로 삼으셨습니다(엡 1:20-22, 새번역 성경).

Which he exerted in Christ when he raised him from the dead and seated him at his right hand in the heavenly realms, far above all rule and authority, power and dominion, and every title that can be given, not only in the present age but also in the one to come. And God placed all things under his feet and appointed him to be head over everything for the church.

6. 사랑

사랑은 하나님으로부터 오는 것임

사랑하는 여러분, 서로 사랑합시다. 사랑은 하나님에게서 난 것입니다. 사랑하는 사람은 다 하나님에게서 났고, 하나님을 압니다(요일 4:7, 새번역 성경).

Dear friends, let us love one another, for love comes from God. Everyone who loves has been born of God and knows God. Whoever does not love does not know God.

하나님은 사랑이심

하나님은 사랑이시기 때문입니다. 하나님의 사랑이 우리에게 이렇게 드러났으니, 곧 하나님이 자기 외아들을 세상에 보내 주셔서 우리로 하여금 그로 말미암아 살게 해 주신 것입니다. 사랑은 이 사실에 있으니, 곧 우리가 하나님을 사랑한 것이 아니라, 하나님이 우리를 사랑하셔서, 자기 아들을 보내어 우리의 죄를 위하여 화목제물이 되게 하신 것입니다. 사랑하는 여러분, 하나님께서 이렇게까지 우리를 사랑하셨으니, 우리도 서로 사랑해야 합니다(요일 4:8-11, 새번역 성경).

Because God is love. This is how God showed his love among us: He sent his one and only Son into the world that we might live through him. This is love: not that we loved God, but that he loved us and sent his Son as an atoning sacrifice for our sins. Dear friends, since God so loved us, we also ought to love one another.

예수님이 없이 인간의 욕심을 위한 사랑은 사랑이 아님

내가 사람의 모든 말과 천사의 말을 할 수 있을지라도, 내게 사랑이 없으면, 울리는 징이나 요란한 꽹과리가 될 뿐입니다. 내가 예언하는 능력을 가지고 있을지라도, 또 모든 비밀과 모든 지식을 가지고 있을지라도, 또 산을 옮길 만한 모든 믿음을 가지고 있을지라도, 사랑이 없으면, 아무것도 아닙니다. 내가 내 모든 소유를 나누어 줄지라도, 내가 자랑삼아 내 몸을 넘겨줄지라도, 사랑이 없으면, 내게는 아무런 이로움이 없습니다 (고전 13:1-3, 새번역 성경).

If I speak in the tongues of men and of angels, but have not love, I am only a resounding gong or a clanging cymbal. If I have the gift of prophecy and can fathom all mysteries and all knowledge, and if I have a faith that can move mountains, but have not love, I am nothing. If I give all I possess to the poor and surrender my body to the flames, but have not love, I gain nothing.

사랑이 율법을 완성시킴

그대는 우리 주 예수 그리스도께서 나타나실 때까지 그 계명을 지켜서, 흠도 없고, 책망 받을 것도 없는 사람이 되십시오(딤전 6:14, 새번역 성경).

To keep this command without spot or blame until the appearing of our Lord Jesus Christ.

사랑은 이웃에게 악을 행하지 아니하나니 그러므로 사랑은 율법의 완성이니라(롬 13:10).

Love does no harm to its neighbor. Therefore love is the fulfillment of the law.

하나님의 사랑에서 영광이 드러남

나는 확신합니다. 죽음도, 삶도, 천사들도, 권세자들도, 현재 일도, 장래 일도, 능력도, 높음도, 깊음도, 그 밖에 어떤 피조물도, 우리를 우리 주 예수 그리스도 안에 있는 하나님의 사랑에서 끊을 수 없습니다(롬 8:38-39, 새번역 성경).

For I am convinced that neither death nor life, neither angels nor demons, neither the present nor the future, nor any powers, neither height nor depth, nor anything else in all creation, will be able to separate us from the love of God that is in Christ Jesus our Lord.

그것은 곧 피조물도 썩어짐의 종살이에서 해방되어서, 하나님의 자녀가 누릴 영광된 자유를 얻으리라는 것입니다(롬 8:21, 새번역 성경).

That the creation itself will be liberated from its bondage to decay and brought into the glorious freedom of the children of God.

7. 신자에게 있는 죄

선한 일을 하려고 할 때 바로 곁에 있는 악

내 속에 곧 내 육체 속에는 선한 것이 하나도 들어 있지 않다는 것을 나는 알고 있습니다. 마음으로는 선을 행하려고 하면서도 나에게는 그것을 실천할 힘이 없습니다. 나는 내가 해야 하겠다고 생각하는 선은 행하지 않고 해서는 안 되겠다고 생각하는 악을 행하고 있습니다. 그런 일을 하면서도 그것을 해서는 안 되겠다고 생각하고 있으니 결국 그런 일을 하는 것은 내가 아니라 내 속에 들어 있는 죄입니다. 여기에서 나는 한 법칙을 발견했습니다. 곧 내가 선을 행하려 할 때에는 언제나 바로 곁에 악이 도사리고 있다는 것입니다(롬 7:18-21, 공동번역 성경).

I know that nothing good lives in me, that is, in my sinful nature. For I have the desire to do what is good, but I cannot carry it out. For what I do is not the good I want to do; no, the evil I do not want to do--this I keep on doing. Now if I do what I do not want to do, it is no longer I who do it, but it is sin living in me that does it. So I find this law at work: When I want to do good, evil is right there with me.

하나님의 판단할 수 없는 계획

하나님께서 모든 사람을 순종하지 않는 상태에 가두신 것은 그들에게 자비를 베푸시려는 것입니다. 하나님의 부유하심은 어찌 그리 크십니까? 하나님의 지혜와 지식은 어찌 그리 깊고 깊으십니까? 그 어느 누가 하나님의 판단을 헤아려 알 수 있으며, 그 어느 누가 하나님의 길을 더듬어 찾아낼 수 있겠습니까?(롬 11:32-33, 새번역 성경).

For God has bound all men over to disobedience so that he may have mercy on them all. Oh, the depth of the riches of the wisdom and knowledge of God! How unsearchable his judgments, and his paths beyond tracing out!

죄 가운데 풍성한 은혜(감사함)

율법은 범죄를 증가시키려고 끼여 들어온 것입니다. 그러나 죄가 많은 곳에, 은혜가 더욱 넘치게 되었습니다. 그것은, 죄가 죽음으로 사람을 지배한 것과 같이, 은혜가 의를 통하여 사람을 지배하여, 우리 주 예수 그리스도로 말미암아 얻는 영원한 생명에 이르게 하려는 것입니다(롬 5:20-21, 새번역 성경).

The law was added so that the trespass might increase. But where sin increased, grace increased all the more, so that, just as sin reigned in death, so also grace might reign through righteousness to bring eternal life through Jesus Christ our Lord.

그러면 우리가 무엇이라고 말을 해야 하겠습니까? 은혜를 더하게 하려고, 여전히 죄 가운데 머물러 있어야 하겠습니까? 그럴 수 없습니다. 우리는 죄에는 죽은 사람인데, 어떻게 죄 가운데서 그대로 살 수 있겠습니까?(롬 6:1-2, 새번역 성경).

What shall we say, then? Shall we go on sinning so that grace may increase? By no means! We died to sin; how can we live in it any longer?

나를 부인함

미쁘다 모든 사람이 받을 만한 이 말이여 그리스도 예수께서 죄인을 구원하시려고 세상에 임하셨다 하였도다 죄인 중에 내가 괴수니라(딤전 1:15).

Here is a trustworthy saying that deserves full acceptance: Christ Jesus came into the world to save sinners--of whom I am the worst.

그리스도의 십자가만 자랑함

누가 감히 우리를 그리스도의 사랑에서 떼어놓을 수 있겠습니까? 환난입니까? 역경입니까? 박해입니까? 굶주림입니까? 헐벗음입니까? 혹

위험이나 칼입니까?(롬 8:35, 공동번역 성경).

Who shall separate us from the love of Christ? Shall trouble or hardship or persecution or famine or nakedness or danger or sword?

그러나 나에게는 우리 주 예수 그리스도의 십자가밖에는 아무것도 자랑할 것이 없습니다. 그리스도께서 십자가에 못 박히심으로써 세상은 나에 대해서 죽었고 나는 세상에 대해서 죽었습니다(갈 6:14-15, 공동번역 성경).

May I never boast except in the cross of our Lord Jesus Christ, through which the world has been crucified to me, and I to the world.

8. 신자에게 있는 고난(시험)

고난은 영광을 나타내는 통로임(기뻐하라)

사랑하는 여러분, 여러분을 시험하려고 시련의 불길이 여러분 가운데 일어나더라도, 무슨 이상한 일이나 생긴 것처럼 놀라지 마십시오. 그만큼 여러분은 그리스도의 고난에 동참하는 것이니, 기뻐하십시오. 그러면 그의 영광이 나타날 때에 여러분은 또한 기뻐 뛰며 즐거워하게 될 것입니다(벧전 4:12-13, 새번역 성경).

Dear friends, do not be surprised at the painful trial you are suffering, as though something strange were happening to you. But rejoice that you participate in the sufferings of Christ, so that you may be overjoyed when his glory is revealed.

우리의 유익을 위해 징계하심

육신의 아버지는 잠시 동안 자기들의 생각대로 우리를 징계하였지만, 하나님께서는 우리를 자기의 거룩하심에 참여하게 하시려고, 우리에게 유익이 되도록 징계하십니다(히 12:10, 새번역 성경).

Our fathers disciplined us for a little while as they thought best; but God disciplines us for our good, that we may share in his holiness.

그들은 전에 노아의 날 방주를 준비할 동안 하나님이 오래 참고 기다리실 때에 복종하지 아니하던 자들이라 방주에서 물로 말미암아 구원을 얻은 자가 몇 명뿐이니 겨우 여덟 명이라(벧전 3:20).

Who disobeyed long ago when God waited patiently in the days of Noah while the ark was being built. In it only a few people, eight in all, were saved through water.

우리의 고난은 모든 사람이 다 당하는 시험임

여러분이 당한 시험은 모든 사람들이 다 당하는 시험입니다. 하나님은 신실하신 분이시므로 여러분이 감당할 수 없는 시험 당하는 것을 허락하지 않으시고 여러분이 시험을 당할 때에 피할 길을 마련해 주셔서 감당할 수 있게 하실 것입니다(고전 10:13, 현대인의성경).

No temptation has seized you except what is common to man. And God is faithful; he will not let you be tempted beyond what you can bear. But when you are tempted, he will also provide a way out so that you can stand up under it.

하나님의 시민으로 세상에서 나그네의 삶을 사는 것(고난은 잠시 있음)

그러므로 여러분이 지금 잠시 동안 여러 가지 시련 속에서 어쩔 수 없이 슬픔을 당하게 되었다 하더라도 기뻐하십시오(벧전 1:6, 새번역 성경).

In this you greatly rejoice, though now for a little while you may have had to suffer grief in all kinds of trials.

그러나 우리의 시민권은 하늘에 있습니다. 그곳으로부터 우리는 구주로 오실 주 예수 그리스도를 기다리고 있습니다(빌 3:20, 새번역 성경).

But our citizenship is in heaven. And we eagerly await a Savior from there, the Lord Jesus Christ.

그러므로 우리는 그리스도의 사절[대사]입니다. 하나님께서는 우리를 시켜서 여러분에게 권고하십니다. 우리는 그리스도를 대리하여 간청합니다. 여러분은 하나님과 화해하십시오(고후 5:20, 새번역 성경).

We are therefore Christ's ambassadors, as though God were making his appeal through us. We implore you on Christ's behalf.

영광을 위해 수고하고 하나님의 열심을 내라

그러나 그리스도인으로서 고난을 당하면 부끄러워하지 말고, 도리어 그 이름으로 하나님께 영광을 돌리십시오(벧전 4:16, 새번역 성경).

However, if you suffer as a Christian, do not be ashamed, but praise God that you bear that name.

내가 하나님의 열심으로 너희를 위하여 열심을 내노니 내가 너희를 정결한 처녀로 한 남편인 그리스도께 드리려고 중매함이로다(고후 11:2).

I am jealous for you with a godly jealousy. I promised you to one husband, to

Christ, so that I might present you as a pure virgin to him.

그러므로 끝까지 참고 견디어 부족함이 없는 완전하고 성숙한 사람이 되십시오(약 1:4, 현대인의성경).

Perseverance must finish its work so that you may be mature and complete, not lacking anything.

9. 예배의 삶

하나님의 영광을 드러내는 예배의 삶 살기

그러므로 여러분은 먹든지 마시든지, 무슨 일을 하든지, 모든 것을 하나님의 영광을 위하여 하십시오(고전 10:31, 새번역 성경).

So whether you eat or drink or whatever you do, do it all for the glory of God.

또 마음을 다하고 지혜를 다하고 힘을 다하여 하나님을 사랑하는 것과, 이웃을 자기 몸같이 사랑하는 것이, 모든 번제와 희생제보다 더 낫습니다(막 12:33, 새번역 성경).

To love him with all your heart, with all your understanding and with all your strength, and to love your neighbor as yourself is more important than all burnt offerings and sacrifices.

사랑 안에서 하나님의 진리 말하기

내 백성이 지식이 없으므로 망하는도다 네가 지식을 버렸으니 나도 너를 버려 내 제사장이 되지 못하게 할 것이요 네가 네 하나님의 율법을 잊었으니 나도 네 자녀들을 잊어버리리라(호 4:6).

My people are destroyed from lack of knowledge. "Because you have rejected knowledge, I also reject you as my priests; because you have ignored the law of your God, I also will ignore your children."

우리는 사랑으로 진리를 말하고 살면서, 모든 면에서 자라나서, 머리가 되시는 그리스도에게까지 다다라야 합니다(엡 4:15, 새번역 성경).

Instead, speaking the truth in love, we will in all things grow up into him who is the Head, that is, Christ.

예수님의 이름으로 기도하기

모든 것은 하나님의 말씀과 기도로 거룩해집니다(딤전 4:5, 새번역 성경).

Because it is consecrated by the word of God and prayer.

온갖 기도와 간구로 언제나 성령 안에서 기도하십시오. 이것을 위하여 늘 깨어서 끝까지 참으면서 모든 성도를 위하여 간구하십시오(엡 6:18, 새 번역 성경).

And pray in the Spirit on all occasions with all kinds of prayers and requests. With this in mind, be alert and always keep on praying for all the saints.

내 몸이 성령님의 전임을 알고 산 제물(영적 예배)로 드리기

형제자매 여러분, 그러므로 나는 하나님의 자비하심을 힘입어 여러분 에게 권합니다. 여러분의 몸을 하나님께서 기뻐하실 거룩한 산 제물로 드 리십시오. 이것이 여러분이 드릴 합당한 예배입니다(롬 12:1, 새번역 성경).

Therefore, I urge you, brothers, in view of God's mercy, to offer your bodies as living sacrifices, holy and pleasing to God--this is your spiritual act of worship.

여러분은 몸의 어느 한 부분이라도 죄의 도구가 되게 해서는 안 됩니다. 오히려 죽은 사람 가운데서 다시 살아난 사람처럼 여러분 자신을 하나님께 바치고 여러분의 몸을 정의의 도구로 하나님께 드리십시오(롬 6:13, 현대인의성경).

Do not offer the parts of your body to sin, as instruments of wickedness, but rather offer yourselves to God, as those who have been brought from death to life; and offer the parts of your body to him as instruments of righteousness.

자신을 부인하고 십자가만 자랑함

미쁘다 모든 사람이 받을 만한 이 말이여 그리스도 예수께서 죄인을 구원하시려고 세상에 임하셨다 하였도다 죄인 중에 내가 괴수니라(딤전 1:15).

Here is a trustworthy saying that deserves full acceptance: Christ Jesus came into the world to save sinners – –of whom I am the worst.

그런데 내게는 우리 주 예수 그리스도의 십자가밖에는, 자랑할 것이 아무것도 없습니다(갈 6:14, 새번역 성경).

May I never boast except in the cross of our Lord Jesus Christ.

10. 전도와 선교

예수님의 지상 명령

그러므로 너희는 가서, 모든 민족을 제자로 삼아서, 아버지와 아들과 성령의 이름으로 세례를 주고, 내가 너희에게 명령한 모든 것을 그들에게 가르쳐 지키게 하여라(마 28:19-20, 새번역 성경).

Therefore go and make disciples of all nations, baptizing them in the name of the Father and of the Son and of the Holy Spirit, and teaching them to obey everything I have commanded you.

우리 모두는 복음을 전하는 자가 되어야 함

또 예수께서 그들에게 말씀하셨다. "너희는 온 세상에 나가서, 만민에게 복음을 전파하여라"(막 16:15, 새번역 성경).

He said to them, "Go into all the world and preach the good news to all creation."

자기의 의를 세우려고 복음을 전하려고 함

그들은 하나님의 의를 알지 못하고, 자기 자신들의 의를 세우려고 힘을 씀으로써, 하나님의 의에는 복종하지 않게 되었습니다(롬 10:3, 새번역 성경).

Since they did not know the righteousness that comes from God and sought to establish their own, they did not submit to God's righteousness.

전도와 선교의 주체는 인간(의지, 결심)이 아니라 성령이심

나의 말과 나의 설교는 지혜에서 나온 그럴듯한 말로 한 것이 아니라, 성령의 능력이 나타낸 증거로 한 것입니다(고전 2:4, 새번역 성경).

My message and my preaching were not with wise and persuasive words, but with a demonstration of the Spirit's power.

우리는 여러분에게 복음을 말로만 전한 것이 아니라, 능력과 성령과 큰
확신으로 전하였습니다(살전 1:5, 새번역 성경).

Because our gospel came to you not simply with words, but also with power,
with the Holy Spirit and with deep conviction.

하나님의 부르심의 의미를 알게 됨

[여러분의] 마음의 눈을 밝혀 주셔서, 하나님의 부르심에 속한 소망이 무
엇이며, 성도들에게 베푸시는 하나님의 영광스러운 상속이 얼마나 풍
성한지를, 여러분이 알게 되기를 바랍니다. 또한 믿는 사람들인 우리에
게 강한 힘으로 활동하시는 하나님의 능력이 얼마나 엄청나게 큰지를,
여러분이 알기 바랍니다(엡 1:18-19, 새번역 성경).

I pray also that the eyes of your heart may be enlightened in order that you

may know the hope to which he has called you, the riches of his glorious

inheritance in the saints, and his incomparably great power for us who

believe. That power is like the working of his mighty strength.

5차원 성경학습법의 샘플

모국어로이해하기

센스 그룹 독서 · 개념 심화 학습 및 사전 찾기 · 글 분석

◆ 요한복음 1장 1-27절을 읽으면서 사선 치기와 밑줄 치기를 하시오.
모르는 단어는 네모를 치고 사전을 찾아보시오.

¹ 태초에 말씀이 계시니라 이 말씀이 하나님과 함께 계셨으니 이 말씀은 곧 하나님이시니라
² 그가 태초에 하나님과 함께 계셨고
³ 만물이 그로 말미암아 지은 바 되었으니 지은 것이 하나도 그가 없이는 된 것이 없느니라
⁴ 그 안에 생명이 있었으니 이 생명은 사람들의 빛이라
⁵ 빛이 어둠에 비치되 어둠이 깨닫지 못하더라
⁶ 하나님께로부터 보내심을 받은 사람이 있으니 그의 이름은 요한이라
⁷ 그가 증언하러 왔으니 곧 빛에 대하여 증언하고 모든 사람이 자기로 말미암아 믿게 하려 함이라
⁸ 그는 이 빛이 아니요 이 빛에 대하여 증언하러 온 자라
⁹ 참 빛 곧 세상에 와서 각 사람에게 비추는 빛이 있었나니
¹⁰ 그가 세상에 계셨으며 세상은 그로 말미암아 지은 바 되었으되 세상이 그를 알지 못하였고
¹¹ 자기 땅에 오매 자기 백성이 영접하지 아니하였으나
¹² 영접하는 자 곧 그 이름을 믿는 자들에게는 하나님의 자녀가 되는 권세를 주셨으니
¹³ 이는 혈통으로나 육정으로나 사람의 뜻으로 나지 아니하고 오직 하나님께로부터 난 자들이니라
¹⁴ 말씀이 육신이 되어 우리 가운데 거하시매 우리가 그의 영광을 보니 아버지의 독생자의 영광이요
은혜와 진리가 충만하더라

¹⁵ 요한이 그에 대하여 증언하여 외쳐 이르되 내가 전에 말하기를 내 뒤에 오시는 이가 나 보다 앞선 것은
나보다 먼저 계심이라 한 것이 이 사람을 가리킴이라 하니라
¹⁶ 우리가 다 그의 충만한 데서 받으니 은혜 위에 은혜러라
¹⁷ 율법은 모세로 말미암아 주어진 것이요 은혜와 진리는 예수 그리스도로 말미암아 온 것이라
¹⁸ 본래 하나님을 본 사람이 없으되 아버지 품속에 있는 독생하신 하나님이 나타내셨느니라
¹⁹ 유대인들이 예루살렘에서 제사장들과 레위인들을 요한에게 보내어 네가 누구냐 물을 때에 요한의 증언이
이러하니라
²⁰ 요한이 드러내어 말하고 숨기지 아니하니라 한대
²¹ 또 묻되 그러면 누구냐 네가 엘리야냐 이르되 나는 아니라 또 묻되 네가 그 선지자냐 대답하되 아니라
²² 또 말하되 누구냐 우리를 보낸 이들에게 대답하게 하라 너는 네게 대하여 무엇이라 하느냐
²³ 이르되 나는 선지자 이사야의 말과 같이 주의 길을 곧게 하라고 광야에서 외치는 자의 소리로라 하니라
²⁴ 그들은 바리새인들이 보낸 자라
²⁵ 또 물어 이르되 네가 만일 그리스도도 아니요 엘리야도 아니요 그 선지자도 아닐진대 어찌하여 세례를 베푸느냐
²⁶요한이 대답하되 나는 물로 세례를 베풀거니와 너희 가운데 너희가 알지 못하는 한 사람이 섰으니
²⁷ 곧 내 뒤에 오시는 그이라 나는 그의 신발끈을 풀기도 감당하지 못하겠노라 하더라

성경 저자의 생각 적기

- 요지

- 주제

- 제목

외국어로 이해하기

센스 그룹 독서 · 단어 상상하기 · 글 분석

◆ 요한복음 1장 1-27절을 영어 성경으로 읽으면서 사선 치기와 네모
치기를 하시오. 모르는 단어는 네모를 치고 상상을 하면서 읽고, 다
읽은 후에 사전을 찾아보시오.

¹ In the beginning was the Word, and the Word was with God, and the Word
was God.

² He was with God in the beginning.

³ Through him all things were made; without him nothing was made that has
been made.

⁴ In him was life, and that life was the light of men.

⁵ The light shines in the darkness, but the darkness has not understood it.

⁶ There came a man who was sent from God; his name was John.

⁷ He came as a witness to testify concerning that light, so that through him all
men might believe.

⁸ He himself was not the light; he came only as a witness to the light.

⁹ The true light that gives light to every man was coming into the world.

¹⁰ He was in the world, and though the world was made through him, the
world did not recognize him.

¹² He came to that which was his own, but his own did not receive him.
Yet to all who received him, to those who believed in his name, he gave the
right to become children of God

¹³ children born not of natural descent, nor of human decision or a husband'
s will, but born of God.

¹⁴ The Word became flesh and made his dwelling among us. We have seen
his glory, the glory of the One and Only, who came from the Father, full of
grace and truth.

¹⁵ John testifies concerning him. He cries out, saying, "This was he of whom
I said, 'He who comes after me has surpassed me because he was before
me.'"

¹⁶ From the fullness of his grace we have all received one blessing after
another.

¹⁷ For the law was given through Moses; grace and truth came through Jesus
Christ.

¹⁸ No one has ever seen God, but God the One and Only, who is at the Father's side, has made him known.

¹⁹ Now this was John's testimony when the Jews of Jerusalem sent priests and Levites to ask him who he was.

²⁰ He did not fail to confess, but confessed freely, "I am not the Christ."

²¹ They asked him, "Then who are you? Are you Elijah?" He said, "I am not." "Are you the Prophet?" He answered, "No."

²² Finally they said, "Who are you? Give us an answer to take back to those who sent us. What do you say about yourself?"

²³ John replied in the words of Isaiah the prophet, "I am the voice of one calling in the desert, 'Make straight the way for the Lord.'"

²⁴ Now some Pharisees who had been sent

²⁵ questioned him, "Why then do you baptize if you are not the Christ, nor Elijah, nor the Prophet?"

²⁶ "I baptize with water," John replied, "but among you stands one you do not know.

²⁷ He is the one who comes after me, the thongs of whose sandals I am not worthy to untie."

성경 저자의 생각 적기

- 요지

- 주제

- 제목

◆ 요한복음 1장 1-27절을 요약해 도표나 그림으로 나타내 보시오.

자연 세계 이해하기

객관화, 주관화하기

◆ 다음 글을 읽고 내용을 요약하고, 느낌이나 생각을 적어 보시오.

인류의 조상이 원숭이라고 생각하게 된 이유는 단지 다윈의 진화론적 관점에서
볼 때 원숭이가 사람과 많이 닮았기 때문이었다. 이 사실을 증명하기 위해 진화
론자들은 사람과 원숭이의 중간 형태로 생각되는 유인원 화석을 찾아 나섰는데,
라마피테쿠스, 오스트랄로피테쿠스, 북경원인, 자바원인, 크로마뇽인, 네안데르
탈인, 필트다운인, 네브라스카인 등이 그것이다. 그런데 이 화석들을 정밀하게
조사한 결과, 그것들이 원숭이가 인류로 진화되었음을 보여 주는 화석이라고 볼
수 없다. 왜냐하면 그 화석들은 조작된 것이거나(필트다운인), 엉뚱한 동물의 화
석을 오인한 것이거나(자바원인, 네브라스카인), 완전한 원숭이의 것(라마피테
쿠스, 오스트랄로피테쿠스)이 아니면 완전한 사람의 것(네안데르탈인, 크로마뇽
인)으로 판명되었기 때문이다. 그리고 북경원인은 그 화석이 현재 분실되어 없어
졌기 때문에 정확한 평가를 내릴 수 없는 상태에 있다.
사람과 동물 사이에서 볼 수 있는 골격의 특이한 형태학적 차이점은 사람만이 직
립 보행을 한다는 것이다. 하지만 지금까지 발견된 화석으로는 직립 보행의 진화
과정을 증명할 수 없다. 왜냐하면 직립 보행 여부를 판단하기 위해 필요한 전체
의 골격이 발견된 적이 없기 때문이다. 따라서 원숭이로부터 사람으로의 진화 과
정을 설명할 때는 치아 배열의 형태, 두개골의 용적, 안면의 경사각 등의 간접적
인 기준이 이용되어 왔다. 더구나 출토되고 있는 화석들은 골격의 형태만을 보여
줄 수 있을 뿐이지 생존 당시의 실제 형태와 근육 및 신경 계통을 보여 줄 수는 없
다. 그러므로 신체의 일부분만이 화석으로 출토된 것을 가지고 그 화석의 생전의
모습을 재구성하는 일에는 상당한 오차가 있을 수밖에 없으며, 연구자의 편견이
작용할 여지가 많다. 예를 들면 두개골의 파편 조각을 가지고 두개골의 용적, 두
개골의 윗부분과 턱뼈의 조합 관계, 털의 존재 여부 등을 유추한다는 것은 연구
자의 상상력에 따라서 크게 차이가 날 수 있다.
(심영기, ≪성경과 과학≫)

객관화

다윈의 진화론적 관점에서 인류의 조상이 원숭이라고 생각한 이유는 사람과 원숭이가 닮았다는 이유에서다. 이것을 증명하기 위해 유인원 화석을 찾았는데, 발견된 대부분의 화석은 원숭이로부터 인류가 진화해 옴을 보여 주는 화석이라고 볼 수 없다. 그 화석들은 조작된 것, 다른 동물의 화석을 오인한 것, 진짜 원숭이의 것, 진짜 사람의 것으로 판명되었다. 사람과 동물의 변별점은 직립 보행에 있는데 지금까지 발견된 화석으로는 직립 보행의 진화 과정을 증명할 수 없다. 출토된 화석들은 전체의 모습을 보여 주지 못하고 신체의 일부분만이 나타나 있거나 골격의 형태만 보여 줄 수 있어서 그것만으로 생존의 모습을 재구성하는 일에는 상당한 오차와 연구자의 편견이 작용할 수 있다.

주관화

말씀대로 순종하기

추상적 개념의 구체화 · 말씀으로 상황 해석하기

상황 해석

기도하기

성경공부를 위한 기초 훈련

훈련 1

주어 대치 훈련

(본문) 찬송하리로다 그는 우리 주 예수 그리스도의 하나님이시요 자비의 아버지시요 모든 위로의 하나님이시며 우리의 모든 환난 중에서 우리를 위로하사 우리로 하여금 하나님께 받는 위로로써 모든 환난 중에 있는 자들을 능히 위로하게 하시는 이시로다(고후 1:3-4).

(인격-긍정) 하나님은 ＿＿＿＿＿＿＿을/를 기뻐하신다.

(인격-부정) 하나님은 ＿＿＿＿＿＿＿을/를 기뻐하지 않으신다.

(실행) 나는 ＿＿＿＿＿＿＿을/를 해야겠다.

(금지) 나는 ＿＿＿＿＿＿＿을/를 하지 말아야겠다.

기도 변환 훈련

(본문) 네 손이 일을 얻는 대로 힘을 다하여 할지어다 네가 장차 들어갈 스올에는 일도 없고 계획도 없고 지식도 없고 지혜도 없음이니라 (전 9:10).

_____

_____

_____

견해 대비 훈련

(본문) 모든 성경은 하나님의 감동으로 된 것으로 교훈과 책망과 바르게 함과 의로 교육하기에 유익하니 이는 하나님의 사람으로 온전하게 하며 모든 선한 일을 행할 능력을 갖추게 하려 함이라(딤후 3:16-17).

(세상적 견해) 성경은 이스라엘의 역사 기록일 뿐이다.

(성경적 견해) _____.

훈련 2

주어 대치 훈련

(본문) 이 세상이나 세상에 있는 것들을 사랑하지 말라 누구든지 세상을 사랑하면 아버지의 사랑이 그 안에 있지 아니하니 이는 세상에 있는 모든 것이 육신의 정욕과 안목의 정욕과 이생의 자랑이니 다 아버지께로부터 온 것이 아니요 세상으로부터 온 것이라 이 세상도, 그 정욕도 지나가되 오직 하나님의 뜻을 행하는 자는

영원히 거하느니라(요일 2:15-17).

(인격-긍정) 하나님은 _____을/를 기뻐하신다.

(인격-부정) 하나님은 _____을/를 기뻐하지 않으신다.

(실행) 나는 _____을/를 해야겠다.

(금지) 나는 _____을/를 하지 말아야겠다.

기도 변환 훈련

(본문) 형제를 사랑하여 서로 우애하고 존경하기를 서로 먼저 하며 부지
    런하여 게으르지 말고 열심을 품고 주를 섬기라(롬 12:10-11).

(기도)

_____

_____

_____

견해 대비 훈련

(본문) 악에게 지지 말고 선으로 악을 이기라(롬 12:21).

(세상적 견해) 악은 악으로 응징하라.

(성경적 견해) _____.

훈련 3

주어 대치 훈련

(본문) 스스로 속이지 말라 하나님은 업신여김을 받지 아니하시나니 사람이 무엇으로 심든지 그대로 거두리라(갈 6:7).

(인격-긍정) 하나님은 _____을/를 기뻐하신다.

(인격-부정) 하나님은 _____을/를 기뻐하지 않으신다.

(실행) 나는 _____을/를 해야겠다.

(금지) 나는 _____을/를 하지 말아야겠다.

기도 변환 훈련

(본문) 범사에 감사하라 이것이 그리스도 예수 안에서 너희를 향하신 하나님의 뜻이니라(살전 5:18).

(기도)

_____

_____

_____

견해 대비 훈련

(본문) 그런즉 한 범죄로 많은 사람이 정죄에 이른 것같이 한 의로운 행위

로 말미암아 많은 사람이 의롭다 하심을 받아 생명에 이르렀느니라(롬 5:18).

(세상적 견해) 착한 일을 많이 하면 의인이 된다.

(성경적 견해) _____.

훈련 4

주어 대치 훈련

(본문) 그러므로 형제들아 내가 하나님의 모든 자비하심으로 너희를 권하노니 너희 몸을 하나님이 기뻐하시는 거룩한 산 제물로 드리라 이는 너희가 드릴 영적 예배니라 너희는 이 세대를 본받지 말고 오직 마음을 새롭게 함으로 변화를 받아 하나님의 선하시고 기뻐하시고 온전하신 뜻이 무엇인지 분별하도록 하라(롬 12:1-2).

(인격-긍정) 하나님은 _____을/를 기뻐하신다.

(인격-부정) 하나님은 _____을/를 기뻐하지 않으신다.

(실행) 나는 _____을/를 해야겠다.

(금지) 나는 _____을/를 하지 말아야겠다.

기도 변환 훈련

(본문) 만물의 마지막이 가까이 왔으니 그러므로 너희는 정신을 차리고 근신하여 기도하라(벧전 4:7).

(기도)

_____

_____

_____

견해 대비 훈련

(본문) 이와 같이 우리 많은 사람이 그리스도 안에서 한 몸이 되어 서로
　　　지체가 되었느니라(롬 12:5).

(세상적 견해) 우리는 서로 남남이다.

(성경적 견해) _____.

훈련 5

주어 대치 훈련

(본문) 그를 향하여 우리가 가진 바 담대함이 이것이니 그의 뜻대로 무엇
　　　을 구하면 들으심이라 우리가 무엇이든지 구하는 바를 들으시는
　　　줄을 안즉 우리가 그에게 구한 그것을 얻은 줄을 또한 아느니라(요
　　　일 5:14-15).

(인격-긍정) 하나님은 _____을/를 기뻐하신다.

(인격-부정) 하나님은 _____을/를 기뻐하지 않으신다.

(실행) 나는 _____을/를 해야겠다.

(금지) 나는_____을/를 하지 말아야겠다.

기도 변환 훈련

(본문) 그런즉 너희는 먼저 그의 나라와 그의 의를 구하라 그리하면 이 모든 것을 너희에게 더하시리라(마 6:33).

(기도)

_____

_____

_____

견해 대비 훈련

(본문) 하나님의 나라는 먹는 것과 마시는 것이 아니요 오직 성령 안에 있는 의와 평강과 희락이라(롬 14:17).

(세상적 견해) 출세하고 돈 많이 번 사람이 성공한 사람이다.

(성경적 견해) _____.

훈련 6

주어 대치 훈련

(본문) 나의 계명을 지키는 자라야 나를 사랑하는 자니 나를 사랑하는 자

는 내 아버지께 사랑을 받을 것이요 나도 그를 사랑하여 그에게 나를 나타내리라(요 14:21).

(인격-긍정) 하나님은 ＿＿＿＿＿＿＿을/를 기뻐하신다.

(인격-부정) 하나님은 ＿＿＿＿＿＿＿을/를 기뻐하지 않으신다.

(실행) 나는 ＿＿＿＿＿＿＿을/를 해야겠다.

(금지) 나는 ＿＿＿＿＿＿＿을/를 하지 말아야겠다.

기도 변환 훈련

(본문) 여호와를 의뢰하고 선을 행하라 땅에 머무는 동안 그의 성실을 먹을거리로 삼을지어다(시 37:3).

(기도)

＿＿＿＿＿＿＿＿＿＿＿＿＿＿＿＿＿＿＿＿＿＿

＿＿＿＿＿＿＿＿＿＿＿＿＿＿＿＿＿＿＿＿＿＿

＿＿＿＿＿＿＿＿＿＿＿＿＿＿＿＿＿＿＿＿＿＿

견해 대비 훈련

(본문) 믿음이 연약한 자를 너희가 받되 그의 의견을 비판하지 말라(롬 14:1).

(세상적 견해) 너는 틀렸고 나는 옳다.

(성경적 견해) ＿＿＿＿＿＿＿＿＿.

주어 대치 훈련

(본문) 내가 아버지의 계명을 지켜 그의 사랑 안에 거하는 것같이 너희도 내 계명을 지키면 내 사랑 안에 거하리라(요 15:10).

(인격-긍정) 하나님은 _____을/를 기뻐하신다.

(인격-부정) 하나님은 _____을/를 기뻐하지 않으신다.

(실행) 나는 _____을/를 해야겠다.

(금지) 나는 _____을/를 하지 말아야겠다.

기도 변환 훈련

(본문) 아무 일에든지 다툼이나 허영으로 하지 말고 오직 겸손한 마음으로 각각 자기보다 남을 낫게 여기고(빌 2:3).

(기도)

_____

_____

_____

견해 대비 훈련

(본문) 네 원수가 주리거든 먹이고 목마르거든 마시게 하라 그리함으로

네가 숯불을 그 머리에 쌓아 놓으리라(롬 12:20).

(세상적 견해) 원수는 철저히 응징해서 화근을 없애야 한다.

(성경적 견해) _____.

훈련 8

주어 대치 훈련

(본문) 모든 것을 품위 있게 하고 질서 있게 하라(고전 14:40).

(인격-긍정) 하나님은 _____을/를 기뻐하신다.

(인격-부정) 하나님은 _____을/를 기뻐하지 않으신다.

(실행) 나는 _____을/를 해야겠다.

(금지) 나는 _____을/를 하지 말아야겠다.

기도 변환 훈련

(본문) 너희 안에서 행하시는 이는 하나님이시니 자기의 기쁘신 뜻을 위
하여 너희에게 소원을 두고 행하게 하시나니 모든 일을 원망과 시
비가 없이 하라(빌 2:13-14).

(기도)

_____

_____

_____

견해 대비 훈련

(본문) 생각하건대 현재의 고난은 장차 우리에게 나타날 영광과 비교할
수 없도다(롬 8:18).

(세상적 견해) 나는 의미 없는 고생만 하는 것이다.

(성경적 견해) _____.

훈련 9

주어 대치 훈련

(본문) 하나님이여 나를 살피사 내 마음을 아시며 나를 시험하사 내 뜻을
아옵소서 내게 무슨 악한 행위가 있나 보시고 나를 영원한 길로 인
도하소서(시 139:23-24).

(인격-긍정) 하나님은 _____을/를 기뻐하신다.

(인격-부정) 하나님은 _____을/를 기뻐하지 않으신다.

(실행) 나는 _____을/를 해야겠다.

(금지) 나는 _____을/를 하지 말아야겠다.

기도 변환 훈련

(본문) 보옵소서 내게 큰 고통을 더하신 것은 내게 평안을 주려 하심이라
주께서 내 영혼을 사랑하사 멸망의 구덩이에서 건지셨고 내 모든

죄를 주의 등 뒤에 던지셨나이다(사 38:17).

(기도)

_____

_____

_____

견해 대비 훈련

(본문) 네가 어찌하여 네 형제를 비판하느냐 어찌하여 네 형제를 업신여
기느냐 우리가 다 하나님의 심판대 앞에 서리라(롬 14:10).

(세상적 견해) 한 번 죽으면 그것으로 끝이다.

(성경적 견해) _____.

훈련 10

주어 대치 훈련

(본문) 그러므로 너희 죄를 서로 고백하며 병이 낫기를 위하여 서로 기도
하라 의인의 간구는 역사하는 힘이 큼이니라(약 5:16).

(인격-긍정) 하나님은 _____을/를 기뻐하신다.

(인격-부정) 하나님은 _____을/를 기뻐하지 않으신다.

(실행) 나는 _____을/를 해야겠다.

(금지) 나는 _____ 을/를 하지 말아야겠다.

기도 변환 훈련

(본문) 우리가 알거니와 하나님을 사랑하는 자 곧 그의 뜻대로 부르심을 입은 자들에게는 모든 것이 합력하여 선을 이루느니라(롬 8:28).

(기도)

_____

_____

_____

견해 대비 훈련

(본문) 우리가 살아도 주를 위하여 살고 죽어도 주를 위하여 죽나니 그러므로 사나 죽으나 우리가 주의 것이로다(롬 14:8).

(세상적 견해) 나는 내 것이다.

(성경적 견해) _____.

훈련 11

주어 대치 훈련

(본문) 모든 성경은 하나님의 감동으로 된 것으로 교훈과 책망과 바르게

함과 의로 교육하기에 유익하니 이는 하나님의 사람으로 온전하게
하며 모든 선한 일을 행할 능력을 갖추게 하려 함이라(딤후 3:16-17).

(인격-긍정) 하나님은 _____을/를 기뻐하신다.

(인격-부정) 하나님은 _____을/를 기뻐하지 않으신다.

(실행) 나는 _____을/를 해야겠다.

(금지) 나는 _____을/를 하지 말아야겠다.

기도 변환 훈련

(본문) 아내들아 이와 같이 자기 남편에게 순종하라 이는 혹 말씀을 순종
하지 않는 자라도 말로 말미암지 않고 그 아내의 행실로 말미암아
구원을 받게 하려 함이니(벧전 3:1).

(기도)

_____

_____

_____

견해 대비 훈련

(본문) 다 치우쳐 함께 무익하게 되고 선을 행하는 자는 없나니 하나도 없
도다(롬 3:12).

(세상적 견해) 세상에는 선인도 있다.

(성경적 견해) _____.

훈련 12

주어 대치 훈련

(본문) 각각 은사를 받은 대로 하나님의 여러 가지 은혜를 맡은 선한 청지기같이 서로 봉사하라(벧전 4:10).

(인격-긍정) 하나님은 _____을/를 기뻐하신다.

(인격-부정) 하나님은 _____을/를 기뻐하지 않으신다.

(실행) 나는 _____을/를 해야겠다.

(금지) 나는 _____을/를 하지 말아야겠다.

기도 변환 훈련

(본문) 그런즉 깨어 있으라 너희는 그날과 그때를 알지 못하느니라(마 25:13).

(기도)

_____

_____

_____

견해 대비 훈련

(본문) 내 사랑하는 자들아 너희가 친히 원수를 갚지 말고 하나님의 진노

하심에 맡기라 기록되었으되 원수 갚는 것이 내게 있으니 내가 갚으리라고 주께서 말씀하시니라(롬 12:19).

(세상적 견해) 눈에는 눈, 이에는 이로 응징해야 한다.

(성경적 견해) _____.

해답집

1. 센스 그룹 독서표(본문 113쪽)

하나님께서는	얻게 하려는 것이다.
창조 때로부터	여러분은
사람을	믿음을 통하여
남자와 여자로	은혜로 구원을 얻었습니다.
만드셨다.	이것은
모든 사람이	여러분에게서 난 것이 아니요,
죄를 범하였습니다.	하나님의 선물입니다.
그래서 사람은	행위에서 난 것이 아닙니다.
하나님의 영광에	그러므로 아무도
못 미치는 처지에	자랑할 수 없습니다.
놓여 있습니다.	
하나님께서	
세상을 이처럼 사랑하셔서	
외아들을 주셨으니,	
이는	
그를 믿는 사람마다	
멸망하지 않고	
영생을	

2. 개념 심화하기(본문 126쪽)

단어	성경이 말하는 뜻(해답 보고 다시 적기)
죄	**성경이 말하는 죄란?** 일반적으로 죄는 범죄, 도덕적인 위반, 종교 사회적 규범의 위반을 총칭합니다. 하지만 성경은 죄란 사탄으로부터 왔으며 아담의 불순종으로 세상에 들어왔다(롬 5:12)고 말합니다. 즉 본질의 죄는 하나님과 불화한 타락한 인간의 본질을 포함합니다.
사랑	**성경이 말하는 사랑이란?** 하나님에 대한 우리의 사랑이 아니라 우리에 대한 하나님의 사랑입니다. 내가 비록 모든 재산을 남에게 나누어 준다 하더라도, 또 내가 남을 위해 불 속에 뛰어든다 하더라도 사랑이 없으면 모두 아무 소용이 없습니다(고전 13:1-3). 즉 아무리 좋은 일을 많이 해도 나로부터 시작한 것은 사랑이 아닙니다.
은혜	**성경이 말하는 은혜란?** "모든 사람에게 구원을 주시는 하나님의 은혜가 나타나"(딛 2:11), "만일 은혜로 된 것이면 행위로 말미암지 않음이니 그렇지 않으면 은혜가 은혜 되지 못하느니라"(롬 11:6). 즉 은혜란 나의 노력이 아닌 하나님이 거저 주신 선물입니다.
율법	**성경이 말하는 율법이란?** 율법의 용도는 사람을 의롭게 만들려는 것이 아니라 예수님이 오실 때까지 범죄들 때문에 덧붙여 주신 것입니다. 율법은 우리의 개인 교사 역할을 함으로 우리로 하여금 믿음으로 의롭다 하심을 받게 하려는 것입니다(갈 3:19, 24). 즉 율법을 지킬 수 없는 우리 자신을 보며 우리가 죄인이라는 사실을 인식하고 믿음으로만 구원받을 수 있다는 것을 인정하게 됩니다.
믿음	**성경이 말하는 믿음이란?** "우리가 성령으로 믿음을 따라 의의 소망을 기다리노니"(갈 5:5), "너희가 다 믿음으로 말미암아 그리스도 예수 안에서 하나님의 아들이 되었으니"(갈 3:26). 즉 믿음은 우리의 열심 때문에 생기는 것이 아니라 성령님이 주셔서 우리를 구원하시고 바르게 행할 수 있도록 해 주시는 것입니다.
의	**성경이 말하는 의란?** "그러므로 사람이 의롭다 하심을 얻는 것은 율법의 행위에 있지 않고 믿음으로 되는 줄 우리가 인정하노라"(롬 3:28). 우리는 하나님과 올바른 관계를 가지려고 그리스도 예수를 믿은 것입니다(갈 2:16). 착한 행실을 한다고 하나님과의 바른 관계(의)를 갖게 되는 것은 아닙니다. 우리가 하나님과 바른 관계를 가지면 그 결과로 착한 행실이 나오게 됩니다.
구원	**성경이 말하는 구원이란?** 하나님은 죄의 상태에 놓여 있는 인간을 사랑하셔서 예수님이 대신 인간을 대신해 피 흘리게 하심으로 하나님과 인간이 온전한 화목을 이루도록 하셨습니다(롬 5:9). 이후 인간은 하나님의 자녀가 되는 새로운 상태(갈 4:6)에 놓이게 되었고 유업을 받게 되었습니다(엡 1:11).

이 책에서 제시하는 방법대로
더 공부하기 원하시는 분을 위해

새로운 공부 방법을 선택해서 다시 공부를 시작하기란 결코 쉬운 일이 아니다. 이때 함께하는 사람들이 있으면 큰 도움이 된다. 5차원 전면교육협회에 참여해 서로 정보를 교환하며 함께할 수 있는 방법이 있다. 홈페이지(www.5eduforum.org)에 접속하면 필요한 학습을 연습할 수 있는 워크북을 구입할 수 있고, 동영상을 이용해 워크북을 공부하는 방법을 배울 수 있다. 또 지금까지 본 교육을 해 온 사람들과 정보 교류를 통해 공부를 계속할 수 있는 힘도 얻게 될 것이다.

참고도서

1. KAIST 미래전략대학원, 《대한민국 국가미래교육전략》, 김영사, 2017.

2. 원동연, 《5차원 전면교육》, 개정판, 김영사, 2017.

3. 원동연, 《5차원 독서법과 학문의 9단계》, 개정판, 김영사, 2017.

4. 원동연, 《5차원 영어》, 개정판, 김영사, 2017.

5. 원동연, 임소영, 《5차원 수학》, 개정판, 김영사, 2017.

6. 원동연, 유혜숙, 유동준, 《5차원 독서 치료》, 개정판, 김영사, 2017.

훈련도서

1. 《영어로 설교하기 워크북》

2. 《5차원 성경법》 공과책(중등, 고등용)